Eleonore Höfner

Das bewegte Paar

Eleonore Höfner

Das bewegte Paar

Ein Survival-Guide
im Beziehungsdschungel

Wunderlich

1. Auflage März 2001

Umschlaggestaltung Susanne Müller
(Illustration: Peter Gaymann)
Satz Stempel Garamond PostScript, PageOne
Gesamtherstellung Clausen & Bosse, Leck
Printed in Germany
ISBN 3 8052 0706 9

Die Schreibweise entspricht den Regeln
der neuen Rechtschreibung.

Inhalt

Einleitung

Ich habe über uns
nachgedacht –
und dabei ist mir
klargeworden, daß ich
ein Mann bin und
du eine Frau!
P. GAY

Vorbemerkung

Im letzten Jahr war ich auf vier Hochzeiten. Alle fanden im großen Rahmen in der Kirche statt. Die Brautväter hatten mindestens ein halbes Jahresgehalt dafür ausgegeben, und die Brautmütter schluchzten. Die Bräute waren jung und schön. In ihren teuren, langen, weißen Kleidern blickten sie mit strahlenden und feuchten Augen zu ihrem künftigen Gatten im Cut hinauf und hauchten vor dem Altar ein hingebungsvolles «Ja». In ihren Augen leuchtete glühend der Triumph: Ich habe es geschafft! Seine Miene sagte, während er gönnerhaft voller Besitzerstolz auf sie hinunterblickte: Jetzt gehört sie nur noch mir! Es war herzzerreißend.

Und wissen Sie, was später, als alle schon ziemlich angeheitert waren und entsprechend aufgelöst aussahen, zum Hauptthema der Frauen wurde? Es war die Sorge, wie man sich in der Ehe geistig und körperlich unabhängig hält, wie man sich befreit von Erwartungen, die der Mann zuhauf hat, kurz, wie man seinen Macho-Ansprüchen entgehen kann.

Die Bräutigame dachten ebenfalls: Wie rette ich meine Vorteile als Single in die Gefangenschaft der Ehe, wie schaffe ich es, dass diese emanzipierte Wilde mich nicht zu sehr in die Tasche steckt, aber sie sprachen nicht laut darüber, weil Männer über so etwas nicht freiwillig reden. Sie bekamen nur panische Augen und hieben dem nächstbesten Kumpel besonders fest auf die Schulter, um zu zeigen, wie viel Kraft und Stärke noch in ihnen steckt, obwohl sie jetzt offiziell in Ketten liegen.

Früher war alles so einfach: Der Mann nahm sich ein Weib, das bis zu diesem Zeitpunkt nur darauf hingelebt hatte, von ihm gefunden zu werden. Er zeugte Kinder, versorgte die ganze Bagage finanziell, entschied alle wichtigen Fragen wie Auto- und Hauskauf, Urlaub und welche Partei man wählt, während sie ohne Murren die Erziehung und die tägliche Arbeit zu Hause erledigte. Für seinen Einsatz wurde er in seiner Rolle als Beschützer und Ernährer ohne Einschränkung akzeptiert. Er akzeptierte sie dafür als Haushaltsvorstand und als diejenige, die für Gefühle, für das Kulturelle und derlei Kram zuständig ist. Darüber hinaus bestanden kaum Ansprüche von beiden Seiten. Die Fronten waren klar abgesteckt und unverrückbar fest umrissen.

Jetzt ist es auf einmal total verzwickt: SIE will nicht nur Ehefrau und Mutter sein, sie will in allen Fragen mitreden und mitentscheiden und gleichberechtigt neben ihm stehen. ER will auch mal weinen dürfen und sich anlehnen, vielleicht sogar halbtags arbeiten und seine Mitte finden. Wie, um Himmels willen, soll man bei diesem ständig wechselnden Hin und Her noch wissen, wo es langgeht?

Der einfachste Rat ist: Dann binden Sie sich eben nicht langfristig! Spaß ohne feste Bindungen und Verpflichtungen. Aber sehen Sie sich einmal um: Überall wird gegen jeden Verstand gebalzt, geschnäbelt, zusammengezogen und sogar geheiratet, obwohl man doch all die Schwierigkeiten, die eine feste Beziehung heutzutage mit sich bringt, zur Genüge kennt, meistens sogar aus eigener Erfahrung. Man muss zurückstecken, sich einschränken, Rücksicht nehmen, sich anpassen, Kompromisse schließen und soll bei alledem den anderen auch noch bedingungslos lieben, während die Gegenseite pausenlos Bedingungen stellt. Und diese Bedingungen sind weiß Gott nicht mehr so übersichtlich, wie sie einmal waren.

«Ich will ein Superweib», verkündet ER laut und vernehmlich, «das Kinder und Karriere locker unter einen Hut bringt und auch mal anderen Männern zeigt, was eine Harke ist! Aber», so grunzt der Neandertaler in ihm, «zu Hause soll sie bitte schön lieb und anschmiegsam sein und mich als Boss anerkennen!»

«Er soll weich und gefühlvoll sein», sagt SIE mit dem Brustton der Überzeugung, «aber er muss auch ein richtiger Mann sein, kein Weichei, einer der Erfolg hat, der kämpferisch ist und sich durchsetzen kann! Allerdings nicht mir gegenüber», fügt sie hinzu, «jedenfalls nicht immer!»

Versuchen wir, Ordnung in das Durcheinander von

Ansprüchen zu bringen, auf dass all diejenigen, die unverbesserlich zum anderen Geschlecht drängen, die paar Beziehungen heil überleben.

Vier Typen

Es gibt seit Menschengedenken unzählige Versuche, die unterschiedlichen Charaktere der Menschen in bestimmte Schablonen zu pressen, um all das Unerklärliche überschaubarer und vorhersagbarer zu machen. Horoskope zum Beispiel gibt es seit Jahrtausenden, und auch heute weiß jeder, dass ein ordentlicher Stier – das sind alle Leute auf der Welt, die zwischen Ende April und Ende Mai geboren wurden – mit den Hufen scharrt (also erdverbunden reagiert), den Kopf senkt und mit geschlossenen Augen angreift, dabei aber treu und bodenständig ist (wahrscheinlich aus Mangel an Phantasie). Ganz anders als der Krebs, der Probleme im seitwärtigen Umgehen löst und gelegentlich zum Zwicken neigt. Bei den Chinesen gibt es als astrologische Unterscheidungsmerkmale Ziege, Affe, Schlange und anderes Getier. Die Chinesen gehen nicht nach Monaten vor, sondern nach Jahren, und all die Millionen, die in einem bestimmten Jahr geboren wurden, sind dann Ziegen, mit ähnlichem Charakter und ähnlichem Schicksal, oder Affen oder, wenn sie Glück haben, auch Drachen.

Wir machen nun das Gleiche und sortieren Männlein und Weiblein nach vier Typen: den Macho und den Softie, das Weibchen und die Emanze. Natürlich gibt es viel mehr als vier Typen, da sie in vielen Mischformen auftreten, aber je prägnanter und einfacher wir vorgehen, umso leichter können wir etwas lernen.

Alle vier Typen sind gediegene Urformen, die es seit Ewigkeiten gibt, auch wenn es auf den ersten Blick nicht so aussieht. Kein Typ ist von vornherein schlecht oder gut, aber sie reagieren nach bestimmten Gesetzmäßigkeiten, und es ist nützlich, diese zu kennen.

Der Macho ist der Inbegriff des Jägers, Eroberers, Abenteurers und Kämpfers. Er will siegen, um jeden Preis, und wenn er gesiegt und erobert hat, möchte er herrschen und bestimmen, wo es langgeht. Sollte er einmal im Leben oder im Beruf versagen, sucht er sich flink ein neues Terrain, auf dem er unangefochten siegen kann, vorzugsweise bei Schwächeren, zum Beispiel der eigenen Frau. Wenn man ihn erobern und siegen lässt, bietet er im Gegenzug Schutz, Sicherheit und Anlehnungsmöglichkeiten.

Das weibliche Gegenstück des Machos, das Weibchen, bewundert ihn für seine Stärke und ordnet sich ihm gerne unter. Entweder sie ist wirklich schwach und schutzbedürftig, oder sie erscheint so, um ihm einen Gefallen zu tun. Sie kommt jedenfalls seinem Siegeswillen nicht in die Quere, sondern bleibt lieber die Kleine, Süße, Verspielte und Unlogische, die gerne jegliche Verantwortung auf seine breiten Schultern lädt.

Eine etwas gediegenere Unterform des Machos ist der Patriarch, dem der abenteuerlustige Zug des Machos fehlt (deswegen ist er auch gnadenlos langweilig), aber im Prinzip ist er aus demselben Holz geschnitzt. Sein weibliches Gegenstück ist das Hausmütterchen, das (langweiligere) Pendant des Weibchens.

Auch den Softie gab es schon immer, auch wenn er für eine Erfindung des ausklingenden zwanzigsten Jahrhunderts gehalten wird. Früher kam er daher als

Poet, sanfter Schwärmer, erfolgloser Musiker, begeisterungsfähiger Spinner. Heute gilt er als der Mann, der lauter gute weibliche Eigenschaften in sich vereint. Ein lieber, freundlicher, anpassungs- und unterordnungswilliger Partner, ohne Aggressionen, ohne Kraftmeierei, von dem keinerlei Bedrohung ausgeht.

Sein Gegenstück, die Frau mit den guten männlichen Eigenschaften, kam im Altertum als kriegerische Amazone vor, erst viel später wurde sie mit dem Schimpfwort Emanze versehen. Sie schwingt in einer Partnerschaft das Zepter und bestimmt, wo es langgeht. Kein Wunder, dass sie auf manche Leute sehr bedrohlich wirkt. Aber wenn sie es nicht täte, vor allem mit einem Softie als Partner, ginge überhaupt nichts mehr voran.

In jedem und jeder von uns schlummert etwas von beiden Gegenpolen, und je nach Situation sehnen wir uns nach ganz unterschiedlichen Verhaltensweisen unseres oder unserer Liebsten. So kann es durchaus passieren, dass sich die Emanze plötzlich nach einer Schulter zum Ausweinen und Anlehnen sehnt, es aber nicht tut, weil sie fürchtet, dass sie damit den lieben, weichen Knuddelbär an ihrer Seite völlig zusammenknautscht. Auch der Macho empfindet durchaus gelegentlich das Bedürfnis, nicht immer der starke Maxe zu sein, aber er fürchtet, dass er mit einem Eingeständnis von Schwäche nicht nur ein für alle Mal seiner Vormachtstellung verlustig ginge, sondern auch das Weibchen neben ihm in totale Unsicherheit und Verzweiflung stürzen würde.

Die beiden Seelen in unserer Brust machen die Sache so verzwickt. Das beginnt schon bei der Partnerwahl. Da sucht sich eine Frau einen Macho und wirft ihm dann vor, dass er sie unterdrückt. Nach ein paar missglückten Machobeziehungen findet sie dann einen Softie und wirft ihm vor, dass er zu lasch und entscheidungsunfähig sei. Oder der Macho findet beglückt ein zu ihm aufblickendes Weibchen, das ihm nach einiger Zeit den Nerv tötet, weil es überhaupt keine eigene Meinung vertritt. Und der Softie bewundert zunächst seine starke, emanzipierte Partnerin und stellt dann aber fest, dass ihm ihre Bevormundung unerträglich wird. Und so weiter und so fort.

Am schönsten wäre es natürlich, wenn wir es schaffen würden, locker mit allen Möglichkeiten zu spielen und verschiedene Rollen je nach den Erfordernissen der Situation einzunehmen. Könnten Sie sich zum Beispiel vorstellen, emanzipierte Leserin, einfach aus Spaß einmal in die Rolle des Weibchens zu schlüpfen? Abgesehen davon, dass Sie auf diese Weise von jedem Mann alles bekommen können, was Sie sich wünschen, ist es sehr angenehm und entlastend, einmal schwach, schutzbedürftig und unlogisch, in den Augen der Männer also hundertprozentig weiblich zu agieren. Oder könnten Sie als Vollmann sich vorstellen, einmal die Softierolle auszuprobieren? Wenn Sie es im richtigen Augenblick tun, wird Ihre Liebste dahinschmelzen, ich schwöre es! Natürlich könnte auch ein Weibchen ausprobieren, Verantwortung zu übernehmen, eine eigene Meinung zu vertreten und sich in Bezug auf ihre Haushalts- und Kontoführung nicht hineinreden zu lassen. Ihr Liebster wird damit nur dann ein Problem bekommen, wenn er das Spiel nicht beherrscht und auf seiner Machorolle beharrt. Und selbstverständlich könnte ein Softie seinen Brustkasten dehnen und ... na ja, ich weiß nicht so recht.

Leider funktioniert dieser spielerische Rollentausch in der Praxis selten so unkompliziert. Es gibt zwar Typenmischungen, aber dummerweise reagieren sie immer anders, als man es sich gewünscht hätte. Wenn Sie, kerniger Leser, zum Beispiel im Lokal den Ober wegen des zu warmen Weißweines sehr männlich-kantig zur Schnecke machen, werden Sie von Ihrer Liebsten womöglich keineswegs bewundert, sondern sie nennt Sie in aller Öffentlichkeit einen ungeschliffenen Rüpel. Und wenn Sie, gefühlvolle Leserin, im Kino die dritte Packung Tempotaschentücher aufreißen, ernten Sie markige Sprüche, anstatt von Ihrem Liebsten liebevoll getröstet zu werden.

Andere Menschen kann man nicht ändern. Wenn die jeweiligen Liebsten spontan völlig unakzeptabel und unerträglich reagieren, bleibt Ihnen nichts anderes übrig, als selbst Verhaltensweisen zu lernen, die aus den Liebsten genau das herauskitzeln, was Sie gerade brauchen. Schauen Sie sich auch bei Ihrem Gegentyp ein paar Tricks ab – der Macho beim Softie und die Emanze beim Weibchen und umgekehrt, und setzen Sie sie in der richtigen Situation skrupellos ein. Nach einiger Zeit reagiert dann Ihr Liebster oder Ihre Liebste mit bedingten Reflexen wie der Pawlow'sche Hund, der immer dann Speichel produzierte, wenn er eine Glocke hörte, weil die Glocke ein paar Mal beim Füttern ertönte.

Um das für Sie passende Verhalten auszulösen, müssen Sie natürlich wissen, wie Ihr Liebster oder Ihre Liebste gestrickt ist. Genauso wichtig ist es aber, herauszufinden, zu welcher Sorte Sie selbst gehören, um zu entscheiden, was Sie haben wollen und was nicht. Wollen Sie, moderne Leserin, einen starken Mann zum Anlehnen oder einen, dem Sie aus dem schönen Liebesroman vorlesen können, um dann zusammen ein bisschen zu schluchzen? Oder wollen Sie womöglich beides, zu unterschiedlichen Zeiten?

Damit das Zusammenleben zwischen Männern und Frauen funktioniert, muss man deren jeweilige Gesetzmäßigkeiten kennen. Erst müssen Sie herausfinden, wer Sie sind und welche Sorte am besten zu Ihnen passt: Der Macho braucht als Gegenstück eher ein Weibchen und der Softie eher eine Emanze – und umgekehrt. Fragen Sie sich also: Was wäre ich am liebsten? Und was will ich vom anderen bekommen? Wenn Sie wissen, nach welchen Gesetzmäßigkeiten Sie und das von Ihnen anvisierte Opfer funktionieren, ergibt sich ganz selbstverständlich, was Sie tun müssen, um zu bekommen, was Sie brauchen.

Anhand der folgenden Beispiele können Sie leicht feststellen, wo Sie noch Nachholbedarf haben. Je umfangreicher Ihr Repertoire wird, umso besser.

Und kommen Sie mir jetzt nicht damit, das sei alles fiese Manipulation: Es ist jedenfalls besser, zu wissen, was man tut, und bewusst bestimmte Verhaltensweisen beim Partner auszulösen, als immer wieder von unbeabsichtigten Reaktionen überrascht und aus der Fassung gebracht zu werden.

Männliche Strategien

Entdecken Sie den Macho in sich

Ich denke wir werden nicht mehr als eine Sitzung benötigen – Sie soll ja nur kapieren, daß ich der Chef bin!
EHE BERATUNG FÜR ANFÄNGER
PSYCHOLOGE
LIEBE ... DEINE NÄCHSTE
IST DER MANN ZU RETTEN
TRENNUNGS VERLAG

Haben Sie, lieber Leser, manchmal mit Wehmut daran gedacht, wie schön und einfach die Rückkehr zu einem klaren Machotum sein könnte, wenn Sie nur wüssten, wie die Frauen dann reagieren würden? Schöpfen Sie Mut: Der Macho ist wieder im Kommen! Nachdem die Frauen sich den Softie herbeigesehnt hatten und eine erkleckliche Anzahl von Männern bereit war, sich darauf einzulassen, mussten beide nach einiger Zeit feststellen, dass zu viel sanfte Weiblichkeit auf allen Kanälen kaum noch auszuhalten ist. Plötzlich merkten die Frauen, dass ein paar der Pfui-Bä-Eigenschaften der Männer ganz brauchbar gewesen waren. Zupacken im richtigen Moment, ohne allzu viel Gefühlsduselei, ist ganz praktisch, wenn auf nächtlicher Landstraße ein Reifen platzt. Und ein kerniges, männliches Wort wirkt manchmal Wunder, wenn die nörgelnde Mieterin aus dem Erdgeschoss sich zum dritten Mal mit schriller Stimme über den zu lauten Tritt auf den knarzenden Stufen beschwert.

Ein richtiger Macho ist die Krone der Schöpfung,

ein Mann im Quadrat, so will jeder sein. Machos selbst halten sich aufgrund ihres ungebrochenen Selbstbewusstseins nicht für Männer, sondern für Phänomene. «Macho, Macho kannst net werd'n, Macho, Macho muss ma sei», singt Rainhard Fendrich sehr treffend. Der Macho weiß, was er will, und duldet keinen Widerspruch. Er ist stark und kühn, Angst und Unsicherheit sind ihm fremd.

Ein Macho hat es einfach besser im Leben: Die Frauen liegen ihm zu Füßen und respektieren ihn, seine Wünsche werden ihm von den Augen abgelesen, die Grenzen sind klar gesteckt, er muss nicht seine Zeit mit unnützen Diskussionen – zum Beispiel über ihre verletzten Gefühle – vergeuden, und beim Hausbau spart er Geld, weil eine 6-Quadratmeter-Macho-Küche genügt, in der nur eine Person (seine Liebste) Platz hat. Oder vielleicht sieben Quadratmeter, damit er noch an ihr vorbei zum Kühlschrank und an sein Bier kommt, während sie arbeitet. Das klingt doch sehr verlockend, nicht wahr?

Suchen Sie gründlich, vielleicht finden Sie dann die Reste des Machos, vom Zeitgeist fast verschüttet, auf dem Grund Ihrer Seele. Und dann werden Sie merken: Es ist gar nicht so schwierig, wie Sie dachten, zu dieser echten, klaren Männlichkeit zurückzukehren. Oder haben Sie sich schon so in die Softierolle eingelebt, dass Sie deren Vorteile nicht mehr missen wollen?

Der Kurventrick

Seit Urzeiten schleift der Neandertaler seine Handrücken über den Boden und hält unter den Augenwülsten nach einer Partnerin Ausschau, die er unter Geheul als Beute in seine Höhle schleppen kann. Auch heute noch glauben Machomänner, dass sie die Jäger sind und Frauen die Gejagten. Nicht umgekehrt! Deshalb dürfen Männer auf keinen Fall merken, dass sie gejagt werden. Ein weiser alter Mann, der das einmal nach einem langen Leben durchschaut hatte, sagte zu seinen Kindern: «Ich bin so lange hinter eurer Mutter hergelaufen, bis sie mich eingeholt hatte!»

Frauen in allen Jahrhunderten wollten und wollen allerdings nicht irgendwohin geschleift, sondern zartfühlend und verständnisvoll erobert werden. Frauen nach Neandertalerart zu jagen macht aber viel mehr Spaß. Außerdem können Sie, lieber Leser, das Spiel immer wieder spielen und stets aufs Neue auf die Pirsch gehen, weil keine dieser weit verbreiteten Spezies der ekelhaft modernen Frau langfristig anbeißen wird. Also, legen Sie los:

Stellen Sie sich vor, Sie stehen in der Straßenbahn und sehen eine lohnende Beute mit Kurven an genau den richtigen Stellen. Sobald sich auch die Straßenbahn in die Kurve legt, lassen Sie sich wie ein Leopard auf diese Beute fallen und greifen ihr gezielt an den Busen. Sie können auch «Hoppla!» sagen, wenn Sie Lust haben. Proteste nehmen Sie nicht zur Kenntnis, denn Sie wissen ja: Wenn eine Frau «Nein» sagt, meint sie eigentlich ja.

Wenn Sie Ihre Anmache auf diese Weise beginnen, besteht von vornherein kein Zweifel, dass Sie von neumodischem Softietum gar nichts halten. Sie sind ein richtiger Mann, ein Mann der Tat, der sich auf bewährte männliche Tugenden stützt und sich nichts vorschreiben lässt. Eine Frau, die heutzutage bei einer derart geradlinigen Vorgehensweise anbeißt, gehört ganz bestimmt zu den schwachen Typen von gestern. Sie wird Sie zwar anhimmeln, aber Sie können sie auch ohne Probleme jederzeit wieder in die Wüste schicken. Wenn sie im Gegenzug sofort die Initiative ergreift und Ihnen gezielt an die Weichteile geht, Gnade Ihnen Gott, denn dann gehört sie zu den starken Typen von morgen, und das ist sowieso nichts für Sie.

Männer und Frauen haben ganz unterschiedliche Ziele. Männer wollen Spaß haben und Frauen einen Mann fürs Leben. Deshalb überlegen Frauen bereits beim ersten Treffen, ob er wohl ein geeigneter Ehemann und Vater ihrer Kinder sein könnte, Männer dagegen denken sehr lange nur an das eine.

Seien Sie also auf der Hut, lieber Macho. Es geht Ihnen ja nur um ein schönes Abenteuer, nicht um die Frau fürs Leben. Sie wollen sich einfach ein bisschen vergnügen, aber ehe Sie sichs versehen, bekommt sie ein gefährliches Glitzern in den Augen, und Sie haben einen Ring am Finger. Dann sind Sie gefangen – heutzutage zwar nicht mehr unbedingt lebenslänglich, aber immer noch zu lange und zu kostenintensiv.

Es gibt eine kernige Möglichkeit, die Ihnen unter Umständen eine lustige Nacht beschert, aber auf keinen Fall eine längerfristige Verantwortung aufbürdet: Verabreden Sie sich mit Ihrer neuesten Errungenschaft, holen Sie sie ab und fahren Sie mit ihr in ein elegantes, teures Lokal. Man muss schon ein bisschen was investieren mit dem Ausblick auf eine gelungene Nacht! Machen Sie jetzt nicht den Fehler, ihr den Gesprächsverlauf zu überlassen. Denn dann passiert Folgendes: Sie wird Sie aushorchen. Womöglich fragt sie unverblümt, wie viel Sie verdienen und ob Sie Kinder mögen. Spätestens beim Dessert schwärmt sie bereits von einer großen Familie mit Haus im Grünen. Allerhöchste Alarmstufe!

Viel besser ist es, wenn Sie ihr möglichst ausführlich

erzählen, was für ein toller Hecht Sie sind. Übertreiben Sie ruhig, denn Sie wissen ja, richtige Frauen wollen den Mann mit dem vergrößerten Umriss. Es schadet nicht, zu erwähnen, dass Sie sich längst diesen Porsche zugelegt hätten, wenn Sie nur die Zeit fänden, ihn Probe zu fahren. Reden Sie so viel wie möglich, das wird sie zum Schweigen bringen und wirklich beeindrucken. Sie können auch Ihr Handy eingeschaltet auf den Tisch legen und sich alle zehn Minuten anrufen lassen. Das zeigt ihr ganz unauffällig, wie wichtig Sie sind. Es hat zudem den Vorteil, dass allzu anzügliche Themen schnell unterbrochen werden können. Sollte Ihre neue Errungenschaft nämlich den Kuhblick bekommen, ergreifen Sie Ihr Handy und tätigen eine halbe Stunde lang Anrufe im Foyer. Bis Sie zurückkommen, hat sie sich bestimmt wieder gefangen und Sie sind aus der Gefahrenzone.

Spätestens beim großzügigen Begleichen der Rechnung fragen Sie dann lässig: «Gehen wir zu mir oder zu dir?»

Falls Sie einen etwas längeren Atem haben, möchte ich Ihnen der Vollständigkeit halber eine unfehlbare Anmache verraten, die immer zum Ziel führt. Ein Profi, der diesen Trick einsetzt, weiß genau, welche Knöpfe er bei der weiblichen Psyche drücken muss! Sie haben dann allerdings ein Problem: Wie werde ich sie wieder los?

Die folgende Variante ist nur geeignet für Weltmeister der Selbstbeherrschung. Auf den ersten Blick sieht sie aus, als käme sie aus der Softieabteilung, aber in Wahrheit ist sie nur ein sehr gekonnter Machotrick.

Also los: Wenn Sie mit einer Frau zum ersten Mal ausgehen, führen Sie Ihre Beute keinesfalls in ein teures, sondern in ein gemütliches und lauschiges, eher preiswertes Restaurant, damit Ihr Opfer sich zu nichts verpflichtet fühlen muss. Sie schwärmen von romantischen Mondnächten, schmalziger Musik bei Kerzenschein und dem neuesten Schluchzfilm, von dem alle Frauen hingerissen sind. Sie bewundern ihre Augen und erklären diese zu Seen, in die Sie gerne eintauchen würden. Sie teilen ihr seufzend mit, dass ihr Haar so schön ist, dass Sie gerne mit den nackten Zehen hindurchstreichen würden. Kurzum, Sie sind so romantisch, dass der Honig von allen Wänden tropft.

Aber nicht dauernd, nur gelegentlich. Sie blicken ihr zwar tief in die Augen, aber nicht permanent. Das tut nur ein Anfänger! Sie hingegen werden zwischendurch sehr sachlich und sind sehr interessiert an ihrem Beruf, ihren Hobbys, ihrer Familie. Natürlich halten

Sie auch Ihre Hände im Zaum: Gesülzt wird nur verbal, sonst bleiben Sie extrem zurückhaltend.

Nach dem Essen, das unter diesen Umständen selbstverständlich von Ihnen bezahlt wird, bringen Sie sie nach Hause. Unter der Haustür küssen Sie ihr die Hand oder höchstens ganz zart die Wange. Dann fragen Sie: «Darf ich Sie wieder anrufen?» Wenn sie «Ja» sagt, was sie unweigerlich tun wird, warten Sie mit Ihrem Anruf mindestens zwei Tage. Zu diesem Zeitpunkt hat sie bereits achtundvierzig Stunden neben dem Telefon gesessen, ohne sich von der Stelle zu rühren, und ist Ihnen rettungslos verfallen.

Der Machotraum

Es kommt im Leben eines jeden Mannes der Tag, an dem er es satt hat, dauernd auf die Pirsch gehen zu müssen, wenn er seine Abende nicht allein zu Hause verbringen will. Auch das Hemdenbügeln, Putzen und Kochen fängt an, ihm auf die Nerven zu gehen. Wie schön wäre jetzt eine anschmiegsame Gefährtin, die einen nach des Tages Mühsal im trauten, sauberen Heim gurrend empfängt, einen umsorgt und umschnurrt und einem das Gefühl gibt, heute wirklich etwas Wichtiges geleistet zu haben!

Es kommt also der Tag, an dem sich ein Mann nach einer Frau für länger umschaut. Gehen Sie dann sehr umsichtig vor, verehrter Leser, denn heutzutage wimmelt es von weiblichen Wesen, die das Umgurren und Umschnurren nie gelernt haben!

Machen Sie sich zunächst eine Liste der Eigenschaften, die Sie für unverzichtbar halten. Umgurren und umschnurren hatten wir schon. Was noch? Sie sollte treu sein, ganz klar! Und tolerant mit der Fähigkeit, Fehler zu vergeben und zu vergessen, falls Sie sich einmal treuemäßig nicht ganz beherrschen können. Sie sollte häuslich sein und gut kochen, aber manchmal, wenn Sie gerade gut drauf sind, auch Lust auf Unternehmungen haben. Sie sollte intelligent sein, aber selbstredend nicht intelligenter als Sie, das heißt auch, sie sollte unbedingt bewundern, wie toll Sie Ihren Beruf meistern. Sie sollte reinlich sein und sparsam. Und, später dann, sollte sie auch mütterliche Qualitäten entwickeln, damit Sie Ihnen nicht allzu sehr damit in den

Ohren liegt, dass auch Sie für Ihre künftigen Kinder und nicht nur für deren Zeugung zuständig seien. Natürlich sollte sie auch knackig aussehen, das versteht sich von selbst, aber bitte nicht *zu* offensichtlich knackig, denn die zu attraktiven Frauen gehören einem meistens nicht allein, das wissen Sie genau.

Nach der Vervollständigung dieser Liste gehen Sie gezielt auf die Suche.

Leider sind Traumfrauen selten. Sehr selten. Deshalb: Seien Sie wachsam. Vielleicht entdecken Sie die Frau Ihrer Träume eines Tages nach Büroschluss beim Einkaufen. Sie fällt Ihnen auf, weil sie so sorgfältig die Waren prüft, offenkundig in Vorfreude auf die Zubereitung eines leckeren Mahles. Nun heißt es zuschlagen.

Ein richtiger Mann besitzt schnelle Entschlusskraft. Er fackelt nicht lange. Sie kennen das von solchen hundertfünfzigprozentigen Männern wie Bruce Willis. Der sieht eine Frau zum ersten Mal und sagt zu seinem Kumpel aus dem Mundwinkel: «Ich werde sie heiraten, aber sag es ihr nicht, denn das würde ihr die Überraschung verderben.» Und im Hollywoodfilm heiratet er sie dann am Ende wirklich, nachdem sie sich sehr fraulich eine Weile gesträubt hat.

Sie sehen also die Frau, die Sie in Zukunft verwöhnen soll, gehen schnurstracks auf sie zu und sagen: «Sie sind das begehrenswerteste Wesen, das mir je begegnet ist. Bitte lassen Sie mich Ihren Einkaufskorb zum Wagen tragen, damit ich noch ein wenig in den Genuss Ihrer Nähe komme.» Auch wenn sie entschieden ablehnt, lassen Sie sich nicht abschütteln. Selbst solche Kleinigkeiten wie ein plötzlich auftauchender Nebenbuhler mit offensichtlich älteren Rechten können Sie nicht beeindrucken – das stachelt nur Ihren Kampfgeist an. Ein richtiger Mann kämpft um seine Beute.

Lassen Sie nicht locker, verfolgen Sie Ihr Opfer, lauern Sie ihr auf, bleiben Sie hartnäckig. Lohnende Frauen wollen erobert werden, und deshalb müssen Sie sie weich klopfen. Ignorieren Sie ihre reservierte Reaktion. Es empfehlen sich zum Beispiel Anrufe zu jeder Tages- und Nachtzeit. Lassen Sie ihr Blumen ins Haus schicken, versehen mit lodernden Kärtchen. Laden Sie sie zum Essen, ins Theater, ins Kino ein und akzeptieren Sie «Nein» nicht als Antwort. Garnieren Sie das Ganze mit heißen Schwüren und Versprechungen. Das beeindruckt sie wirklich, denn eine Frau kann einen Verehrer gar nicht lästig finden, der mit Komplimenten nur so klotzt.

Merken Sie sich also: Je kühler ihre Reaktion, umso mehr lohnt es sich, um diese Schöne zu kämpfen.

Wie schlaue Männer Hausarbeit aufteilen

Sollten Sie sich je auf eine feste Bindung einlassen und mit einer Frau zusammenziehen, stellt sich unweigerlich die Frage nach der Aufteilung der Hausarbeit. Ihre Liebste wird sie stellen, auch wenn Ihnen bis dahin noch gar nicht in den Sinn gekommen ist, dass es da überhaupt eine Frage gibt.

Dabei ist es doch ein Faktum: Frauen sind die Nestbauer. Sie sind seit Menschengedenken für die häusliche Gemütlichkeit und die Haushaltsführung verantwortlich. Und das soll auch so bleiben! Bloß weil ein paar wild gewordene Emanzen darauf pochen, dass sie genauso außer Haus arbeiten wie ihre Partner und es deshalb mehr als gerecht sei, wenn diese die Hälfte der Hausarbeit übernehmen, wird kein vernünftiger Mann, der seine Sinne beisammenhat, mit Hingabe anfangen, das Klo zu putzen.

Frauen dagegen entwickeln eine wahre Leidenschaft für den Haushalt. Wenn sie sauber machen, dann richtig. Sie kriechen in alle Ecken und Winkel, sie waschen, werkeln und wischen und sind erst zufrieden, wenn es nicht nur überall sauber, sondern wirklich rein ist!

Das ist Ihre Chance, schlauer Macho: Bieten Sie sich großzügig an, im Haushalt mitzuhelfen. Sagen Sie möglichst gleich zu Beginn Ihrer Beziehung: «Wir werden uns den Haushalt teilen. Ich übernehme das Staubsaugen, die Wäsche und den Müll und du nur den unaufwendigen Rest. Du brauchst dich um nichts mehr zu kümmern, Ehrenwort!» Mit einer solchen Äußerung können Sie Punkte sammeln.

Bereits am ersten Wochenende in Ihrer gemeinsamen Wohnung saugen Sie das Wohnzimmer. Einmal kreisrund in der Mitte reicht völlig und schon sieht es wieder ordentlich aus. Absolut unnötig, dafür die Sessel zu verschieben oder sich gar wegen der unzugänglichen Stellen unter dem Bauernschrank das Kreuz auszuhängen. Zeigen Sie ihr stolz Ihr Werk, und vergessen Sie auch nicht, Ihre Liebste darauf hinzuweisen, wie schnell Sie bei dieser Verrichtung waren. Viel schneller, als sie es jemals geschafft hat! Sie wird dann sofort auf die Knie fallen und unter den Möbeln große Wollmäuse hervorziehen, denn für Frauen darf es nicht nur auf den ersten Blick sauber aussehen, es muss auch unter der Oberfläche klinische Hygiene atmen. Vielleicht gibt sie Ihnen noch eine Chance am nächsten Samstag, aber spätestens danach sind Sie diese unerfreuliche Betätigung für immer los.

Mit der Wäsche machen Sie es ebenso. Wiegen Sie Ihre Liebste in Sicherheit und waschen Sie zwei- bis dreimal ganz ordentlich. Dann legen Sie ein paar dunkelblaue Skisocken in die Ladung weißer Blusen und stellen die Maschine auf Kochwäsche, fünfundneunzig Grad. Blautöne in allen Schattierungen sind das geniale Ergebnis. Weisen Sie Ihre tobende Liebste darauf hin, dass sie spießig ist. Weiße Blusen kann man schließlich an jeder Straßenecke neu kaufen.

Bleibt also nur noch die Müllentsorgung. Jetzt wissen Sie, warum alle Männer, auch die wirklich schlauen, auf dieser Aufgabe sitzen bleiben, denn hier kann man leider nicht viel falsch machen.

Der kreative Koch

Sie glauben vielleicht, Sie sind aus dem Schneider, nachdem Sie sich elegant aus der Haushaltsführung geschlichen haben. Oh nein! Bei der Trennung der häuslichen Aufgaben hat Ihre Liebste beispielsweise das tägliche Kochen übernommen und ist darauf sitzen geblieben, denn sie konnte gar nicht so viel falsch machen, dass Sie das freiwillig übernommen hätten, um weitere Desaster zu vermeiden.

Natürlich bieten Sie trotzdem gelegentlich an zu kochen:

«Heute sollst du es einmal ganz schön haben, Liebling!», sagen Sie großzügig. «Lehn dich zurück und entspann dich. Ich übernehme das Kochen!»

Dann verbringen Sie den ganzen Samstagvormittag in der Stadt, um all die erlesenen Zutaten zu erstehen, die für Ihre Kreation nötig sind, und den ganzen Samstagnachmittag in der Küche, obwohl Sie beide vorhatten, eine neue Ausstellung zu besuchen. Damit sich Ihre Liebste nicht zu sehr abgeschoben fühlt, darf Sie Ihnen bei der Zubereitung ein wenig zur Hand gehen, das heißt, sie darf Ihnen die Zutaten putzen, zerkleinern und anreichen. Nach dem Höhepunkt des Abends, Ihrer Nachspeise à la surprise, lehnen Sie sich satt und zufrieden zurück, trinken ein Schnäpschen zur Verdauung, rauchen ein Zigarillo und überlassen Ihrer Liebsten in der Zwischenzeit den lächerlichen Rest, das Aufräumen und Putzen der Küche. Sie sind ein kreativer Koch, und je kreativer der Koch, umso chaotischer hinterher die Küche. Ich verspreche Ihnen, dass Ihre Liebste nicht mehr sehr häufig auf Ihr Kochangebot eingehen wird, nachdem sie ein paar Stunden lang Ihr Chaos beseitigt hat.

Aber wir kamen vom Thema ab. Das normale, tägliche, unkreative Kochen hat Ihre Liebste übernommen. Wie es sich gehört, bereitet sie Ihnen wundervolle Abendessen: Kerzen auf dem Tisch, kleine goldene Sternchen auf dem Tischtuch verteilt und drei köstliche Gänge.

Sie müssen wissen, dass Frauen für alle Liebesbeweise, auch die kleinsten, gestreichelt werden wollen. Sie wollen ständig gelobt und bewundert werden, das macht das Zusammenleben mit ihnen so mühsam. Ein liebevoll zubereitetes Abendessen, auch wenn es fast täglich erfolgt und sowieso zu ihren Pflichten gehört, ist für Ihre Liebste ein Liebesbeweis, und sie erwartet dafür Enthusiasmus von Ihnen, und zwar jedes Mal!

Es wird höchste Zeit, dass Sie Ihre Liebste erziehen. Unersättlichkeit ist ein Laster und diese unersättliche Gier nach Lob ein Mangel an Charakter. Da Sie ohnehin in Gedanken bei dem ärgerlichen Gespräch mit Ihrem Chef heute Nachmittag sind, schaufeln Sie schweigend Ihr Essen in sich hinein. Wenn es ein Hamburger von McDonald's aus der Pappschachtel wäre, würde Ihnen das auch nicht auffallen, aber leider ist es die handgemachte italienische Pasta, in die Ihr Schatz zwei Stunden investiert hat. Wahrscheinlich wird sie nach einiger Zeit fragen: «Liebling, schmeckt es dir?» Eine so plumpe Aufforderung zum Loben können Sie natürlich nur überhören. Grunzen Sie etwas Unverständliches oder blicken Sie kurz hoch: «Was hast du gesagt?» Normalerweise reicht das und der Abend ist gelaufen, das heißt, er läuft ab wie immer – Sie haben Ihre Ruhe vor dem Fernseher.

Nur wenn Ihre Liebste hartnäckig bleibt und womöglich nochmal fragt, ob es Ihnen geschmeckt hat, müssen Sie deutlicher werden. Donnern Sie sie an, dass es Ihnen immer schmeckt, aber dass Sie keine Lust haben, es jedes Mal zu sagen. Wenn etwas nicht schmeckt, werden Sie es ihr auf jeden Fall beizeiten mitteilen. Basta!

Jeder normale Mann, der länger als ein Wochenende mit einer Frau zusammengelebt hat, kennt folgendes Szenario: Sie wollen ausgehen. Ihre Liebste steht vor einem prall gefüllten Kleiderschrank. Um sie herum liegen verstreut ein rotes Kostüm, ein geblümtes langes Kleid, eine schwarze Satinhose, ein Nadelstreifenanzug, ein lederner Minirock und ein paar Designerjeans. Dazwischen ein paar Blusen, T-Shirts und Pullis, manche mit Raubtierdruck. Die Mundwinkel Ihrer Liebsten hängen am Boden, und sie ist den Tränen nahe.

«Ich habe AB-SO-LUT NICHTS anzuziehen», stößt sie mit einem trockenen Schluchzen hervor.

Die ungefilterte Machostrategie wäre der verächtliche Hinweis auf ihren eingeschränkten Intelligenzquotienten in Anbetracht der Kleidermassen, in denen sie gerade zu ertrinken droht. Aber auch Sie, geschätzter Leser, der Sie sich vielleicht bereits als Rundummacho fühlen, haben sich in einer solchen Situation sicher schon einmal in einem Anfall von nicht entschuldbarer Schwäche bereit erklärt, mit ihr am Wochenende einkaufen zu gehen, damit sie endlich etwas anzuziehen hat. Das hellt die Stimmung ihrer Liebsten garantiert umgehend auf, aber nun sitzen Sie in der Falle, denn am Samstag sind die Innenstadt und die Läden ebenso voll wie die Umkleidekabinen und sehr schnell werden Sie die Schnauze davon voll haben.

Die lahm-resignierte Variante in dieser fatalen Lage wäre es, geduldig hinter der Liebsten herzutraben und auch im dreiundzwanzigsten Geschäft keine Ermüdungserscheinungen zu zeigen, stattdessen von der gelungenen Kombination ihrer Augenfarbe mit dem Ton des Jacketts zu schwärmen und sich für das Zusammenspiel ihrer Haarfarbe mit den neuen Schuhen zu begeistern. Wenn Ihre Liebste sich tatsächlich zu einem Kauf entschließen sollte, zücken Sie großzügig Ihre Kreditkarte und begleichen jede Summe, auch wenn Sie dafür auf die perfekte neue Stereoanlage verzichten müssen, die Sie sich gerade anschaffen wollten.

Das wäre pure Fahrlässigkeit. Frauen sehnen sich zwar nach dem kompetenten Berater, der die gleiche Begeisterung für Bekleidung aufbringt wie sie selber, aber gleichzeitig verachten sie ihn auch ein bisschen. Ist das noch ein richtiger Mann? Kann man sich über den einfühlsamen Begleiter noch mit zur Decke gedrehten Augen bei der besten Freundin beklagen? Da ihr dieser Spaß genommen ist, wird sie nun vor ihren Freundinnen prahlen, was für ein toller Hecht Sie beim Einkaufen sind, und sie wird Einkauftrips nach London und Paris planen, anstatt mit Ihnen in die Toskana zur Weinprobe zu fahren. Gefällt Ihnen dieser Gedanke etwa?

Zeigen Sie ihr lieber, dass Sie ein kerniger Mann sind, der sich für Mode nicht interessiert. Sie sind stark und entscheidungsfroh und lassen sich nichts gefallen. Wenn Ihre Liebste nicht gleich im ersten Geschäft und beim zweiten Pullover, über den sie sinnend ihre zarte Hand streichen lässt, zuschlägt, drücken Sie ihr einen flüchtigen Kuss auf die Wange und erklären den Ausflug in die Bekleidungsbranche für beendet. Anschließend bummeln Sie mit ihr entspannt und ausgedehnt durch ein paar wirklich interessante Läden, wie zum Beispiel Fachgeschäfte für Elektronik, Tabakpfeifen oder Aquariumszubehör.

Eine andere, ebenso erprobte Möglichkeit, sich vor ähnlichen Unternehmungen dieser Art zu schützen, besteht darin, ehrlich ihr Aussehen zu kritisieren. Das fördert nebenbei auch die geistige Unabhängigkeit Ihrer Liebsten von Ihnen und Ihren altmodischen Komplimenten. Vergleichen Sie also ihre Figur mit den schmalen, engelsgleichen Models, die auf diesen großen Postern in jedem Laden hängen. Launige und möglichst laute Anmerkungen wie «Dieses Teil sieht an Claudia Schiffer toll aus, aber mit deinem Fahrgestell wäre wohl eher ein Einmannzelt angebracht!» werden ihr bald die Lust nehmen, den Einkaufsbummel auszudehnen. Sie werden in Zukunft bestimmt nie wieder mitgenommen.

Mutti Teresa

Kennen Sie folgende Szene?

«Hast du schon von dem neuen Film gehört, dem mit Woody Allen?», fragt Ihre Liebste, als Sie total erschossen aus dem Büro kommen. «Der soll ganz toll sein!»

Sie haben einen heißen Tag hinter sich. Dieser Müller hat den Bericht wieder nicht rechtzeitig fertig gemacht, und Sie mussten bei Ihrem Chef den Kopf dafür hinhalten. Jetzt müssen Sie am Wochenende zu Hause nacharbeiten, denn dieser Müller bringt immer alle Zahlen durcheinander, und noch so einen Anschiss wie den heute vom Chef würden Sie nicht überleben.

«Woody Allen?», fragen Sie gedehnt. «Ich würde heute eigentlich lieber mal gemütlich zu Hause bleiben. Du weißt doch, dass ich Woody Allen sowieso nicht so mag.»

Das war ein Fehler. «Was heißt hier ‹heute mal›», faucht Ihre Liebste, «wir sitzen doch jeden Abend gemütlich zu Hause!»

Machen Sie jetzt nichts falsch. Berufen Sie sich nicht auf Ihre Müdigkeit, auf den harten Tag, auf den blöden Müller und den tobenden Chef. – «Von meinem harten Tag spricht hier niemand!», würde Ihre Liebste schreien. «Ich habe jeden Tag harte Tage, schon allein», würde sie weiterkreischen, «weil ich mit dir verheiratet bin! Gerade weil meine Tage so hart sind, brauche ich abends ein bisschen Abwechslung. Aber du gönnst mir ja nicht mal den kleinsten Spaß! Seit

Monaten sitzen wir Abend für Abend in der Bude, bloß weil du immer zu müde bist. Mir reicht's!»

Wenn Sie sich solch unerquickliche Tiraden ersparen wollen, lernen Sie zu simulieren. Das ist viel besser, denn in jeder Frau steckt eine kleine Mutter Teresa. Denken Sie an grünen Schleim, bevor Sie die Wohnung betreten. An Maden auf einem Hundekadaver. An einen Scheißhaufen voller bläulich schillernder Fliegen. An eine tiefe, blutende, eiternde Wunde. An eine stinkende Lache Kotze mit Bröckelchen. Und so weiter, Sachen eben, von denen Ihnen garantiert schlecht wird, so lange, bis Ihnen richtig zum Kotzen ist. Mit grünlich-weißem Gesicht klingeln Sie, denn zum Aufsperren sind Sie zu schwach, und fallen Ihrer Liebsten in die Arme. Sie werden einen wunderbaren, gemütlichen Abend auf dem Sofa verbringen, bedient wie ein Pascha, und von Ausgehen ist keine Rede.

Leider können Sie das nicht jeden Tag machen. Heben Sie es sich also auf für die Tage, an denen Ihre Liebste schon beim Frühstück von Woody Allen schwärmt. Wenn Sie dafür sorgen, dass sie dieses Buch nie zu Gesicht bekommt, wird es Jahre, manchmal sogar ein ganzes Leben dauern, bis sie Ihren Trick durchschaut.

Männer können alles

Ich kenne einen Mann, der behauptete, er könne eine Uhr reparieren. Es war eine altmodische Uhr, bereits vom Vater geerbt, mit mechanischem Werk. Der Mann zog sich in sein Arbeitszimmer zurück, zerlegte die Uhr und brachte die halbe Nacht bei zwei Kannen starkem Kaffee mit dem Versuch zu, sie wieder zusammenzusetzen.

Im Morgengrauen packte er die Teile in ein Taschentuch, verknotete es sorgfältig und trug es zum nächsten Uhrmacher.

Seiner Frau stellte er zwei Tage später die intakte Uhr mit triumphierendem Gesicht als Beweis seiner handwerklichen Fähigkeiten auf den Küchentisch.

Nehmen Sie sich daran ein Beispiel, verehrter Leser! Für Ihre Liebste müssen Sie offiziell der Fachmann fürs Handwerkliche im Haus sein, denn Sie wissen ja: Manche Dinge sind Männersache, Frauen sind dafür einfach zu unbegabt. Frauen können keinen Nagel einschlagen, ohne ein riesiges Loch in die Wand zu hauen oder sich den Daumen platt zu quetschen, sie können keinen Reifen wechseln und den Ölstand nicht prüfen, sie können keine Bohrmaschine bedienen, höchstens den Küchenmixer. Die Liste ist beliebig verlängerbar.

Lassen Sie es gar nicht so weit kommen, dass Ihre Liebste anfängt, Nägel einzuschlagen, nehmen Sie ihr diese unweiblichen Tätigkeiten von vornherein aus der Hand. «Das ist nichts für dich!», sagen Sie zu ihr, wenn sie es trotzdem versucht.

Sie dürfen keine Schwächen zeigen, denn die gefährden Ihr Image als richtiger Mann. Sie müssen nur aufpassen, dass Ihre Liebste den Uhrmacher nicht kennenlernt.

Männer sind einfach überlegen

Vor über hundert Jahren erschien ein Buch mit dem verheißungsvollen Titel: «Über den physiologischen Schwachsinn des Weibes», in dem schlüssig bewiesen wurde, dass Frauen dümmer sind als Männer, weil sie ein paar Gramm Hirn weniger haben als diese.

Sie, verehrter Leser, wussten das auch ohne dieses Buch, nicht wahr? Denken Sie nur an all die Situationen mit Ihrer Liebsten, in denen Sie sich verzweifelt gefragt haben, wo sie ihren Verstand gelassen hat. Einem Mann würde es doch *nie* einfallen, wegen eines vergessenen Lippenstiftes oder wegen einer vergessenen Katzenfütterung zehn Kilometer nach Hause zurückzufahren. Eine Frau bringt es auch fertig, wegen einer Spinne im Schlafzimmer im Treppenhaus zu übernachten. Ganz zu schweigen davon, dass sie immer rechts und links verwechselt. Auch die Beinahekollision neulich mit dem Motorradfahrer geht auf das Konto Ihrer Liebsten, weil sie vom Beifahrersitz aus fröhlich verkündet hatte: «Links ist frei!», und dabei rechts gemeint hatte. Links sei nicht ihre Seite und dafür sei sie nicht zuständig, hat sie hinterher als Entschuldigung vorgebracht und vorwurfsvoll hinzugefügt: «Du hättest wissen müssen, dass ich rechts meine, wenn ich links sage!» Lassen Sie sich mit Ihrer Liebsten jetzt nicht auf ein Argumentationsduell ein. Frauen können das besser. Und in einer Logik, die Männern für immer verschlossen bleiben wird.

Wenn Sie ein bisschen nachdenken, fallen Ihnen ausreichend Beispiele für den angeborenen Schwachsinn der Frauen ein. Seit dem Erscheinen des oben erwähnten, bahnbrechenden Buches haben Frauen sich zwar das Recht erkämpft zu studieren, und eine hat sogar den Nobelpreis in Chemie oder Physik bekommen. Das sind aber nur die Ausnahmen, die die Regel bestätigen. Schauen Sie sich einmal vorurteilslos um: Gab es je eine amerikanische Präsidentin oder eine deutsche Kanzlerin, wie? Oder gab es jemals eine wirklich kreative, mit Sternen ausgezeichnete Chefköchin, was? Na, sehen Sie, wir sind uns einig. Die Geschichte beweist eindeutig, dass bei Frauen ein kleiner Hirndefekt vorliegt.

Natürlich dürfen Sie nicht laut sagen, dass Sie Ihre Liebste für geistig etwas minderbemittelt halten. Das vertragen Frauen heutzutage ganz schlecht. Aber wenn Sie Ihre Ehre als Krone der geistigen Schöpfung aufrechterhalten wollen, müssen Sie von Zeit zu Zeit Bemerkungen einfließen lassen, die die Verhältnisse eindeutig klarstellen. Wenn Ihre Frau beispielsweise einmal wieder hoffnungslos emotional reagiert, wie nur Frauen das können, ist es am besten, wenn Sie kühl anmerken: «Ich weiß gar nicht, warum du dich so aufregst!?» Oder, noch treffsicherer: «Reg dich doch nicht künstlich auf!» Das macht ihr hoffentlich klar, wie lächerlich banal ihr Problem und wie wenig differenziert ihr Verstand ist.

Ich kannte einen Mann, der immer wieder zu seiner Ehefrau sagte: «Nun denk doch mal nach, Kleines!» Ganz gleich, ob sie von ihm wissen wollte, ob er den Abschluss einer Lebensversicherung für sie beide für nützlich halte oder ob er die Kochplatten wirklich abgedreht oder ob er die gestrige Regierungserklärung des Kanzlers auch so nichtssagend gefunden habe wie sie, immer kam, gewissermaßen als Ouvertüre und ohne groß nachzudenken, dieser Satz: «Nun denk doch mal nach, Kleines!» Er hatte das vermutlich gar nicht mehr gemerkt, aber sie ließ sich nach einigen Jahren wegen dieses einen Satzes von ihm scheiden.

Das sollte Sie aber, geschätzter Leser, nicht abhalten, Ähnliches in Ihr Repertoire aufzunehmen. Denn wenn Ihre Liebste so überempfindlich ist und Fakten partout nicht einsehen mag, ist sie ohnehin nicht für Sie geeignet.

ständliches mitteilen: Frauen wollen keine Lösungen. Sie wollen nur Zustimmung und gemeinsames Heulen. Wissen Sie, was das heißt? Sie dürfen Ihren männlichen Überblick nicht zeigen, Sie sollen all die guten Ratschläge, die sich Ihnen unverzüglich aufdrängen, verschlucken und ihr nur rückhaltlos beipflichten, sonst nichts: «Die Mittermeier ist wirklich eine blöde Kuh! Ja, ihre Frisur ist das Letzte! Ihr Geschlürfe beim Kaffee würde mich auch aus der Haut fahren lassen! Und ihr Grinsen ist wahrhaft eine Zumutung!», und so weiter und so fort.

Das kann man aber von einem richtigen Mann nicht verlangen. Deshalb biete ich Ihnen jetzt eine echt männliche Lösung an, die Ihnen bestimmt viel besser gefallen wird: Wenn Ihre Liebste das nächste Mal anfängt, über die Frisur ihrer Kollegin herzuziehen, dann lassen Sie sie um alles in der Welt nicht ausreden, denn es wird Stunden dauern, bis sie zum eigentlichen Problem vorstößt, und nochmal Stunden, bis sie sich wieder beruhigt hat. Strukturieren Sie lieber umgehend das Gespräch. Bringen Sie die Sache sofort auf den Punkt. Fragen Sie erstens, ob es ein Problem gibt, zweitens, ob Ihre Liebste wirklich Hilfe von Ihnen will, und drittens, ob die Problemlösung diesmal etwas beschleunigt werden kann oder das Gerede wieder den ganzen Abend dauern muss. Wenn sie statt einer Antwort laut aufheult, machen Sie am besten auf dem Absatz kehrt und verlassen die Wohnung. Ihr Freund Paul wird sich über den unverhofften gemeinsamen Männerabend sicher sehr freuen.

Frauen heutzutage sind schrecklich. Sie glauben, sie müssten zu allem ihren Senf dazugeben und mit Vehemenz eine andere Meinung als ihr Partner vertreten. So ein Weib würden Sie natürlich sofort in den Wind schießen und niemals eine engere Beziehung in Erwägung ziehen, es wäre der reine Albtraum. Sie können gar nicht verstehen, wie manche Männer so was aushalten!

Ihre Traumfrau ist da ganz anders. Sie blickt stolz zu Ihnen auf, zeigt Ihnen stets, wie sehr sie Ihre Größe und Stärke anbetet und Ihre Klugheit und Ihren Weitblick bewundert. Natürlich soll sie auch eine eigene Meinung haben, vor allem dann, wenn sie *anderen* Männern widerspricht.

Da ist doch dieser Miesling von Neumeier, dieser Grantler, der natürlich die falsche Partei wählt. Dem hat Ihre Liebste neulich so wunderbar den Mund verboten, dass Sie vor Stolz regelrecht gewachsen sind. Und wenn Ihr Freund Heinz vorbeikommt, ist sie auch nicht auf den Mund gefallen. Der versucht manchmal, Ihre Liebste in den Hintern zu zwicken, und da ist sie unglaublich schlagfertig in jeder Beziehung. Ein richtiges Superweib, um das man Sie beneidet. Mit einer richtigen, eigenen Meinung, in den Augen der anderen Männer.

Aber zu Hause, wenn Sie beide allein sind, dann soll sie gefälligst ihr vorlautes Mundwerk zügeln. In Ihren vier Wänden gilt nur Ihr Wort. Sie sind schließlich derjenige, der sich in Politik und Sport auskennt.

Ihre Meinung ist fundiert, Frauen sind in solchen Dingen viel zu emotional. Neulich hat sie doch glatt gewagt zu fragen, was Sie bei der nächsten Landtagswahl wählen werden und warum! Und sie ging sogar so weit, Ihre Begründung zu kritisieren! Grün will sie wählen, dieses hirnlose Huhn! Wo doch jeder weiß, was das für Chaoten sind! Es wird höchste Zeit, dass Sie diesen eigenmächtigen Eskapaden einen Riegel vorschieben, sonst fängt sie womöglich noch an, den nächsten Urlaubsort oder die Auswahl des Fernsehprogramms am Abend bestimmen zu wollen! Und das wäre der Anfang vom Ende Ihrer Vormachtstellung zu Hause.

Schöne Bescherung

Frauen lieben spontane Geschenke. Wann haben Sie Ihrer Liebsten das letzte Mal etwas geschenkt? Ich meine nicht den Mixer zu Weihnachten oder den Turbostaubsauger zum Geburtstag. Ich meine wirklich etwas geschenkt, was *nicht* nützlich ist und was sie sich auch *nicht* schon lange gewünscht hat. Etwas Nutzloses, Schönes, Überraschendes. Einfach nur so.

Was fällt Ihnen da als Erstes ein, grübelnder Leser? Worüber könnte sie sich freuen? Natürlich, Blumen. Oder Parfüm. Oder Schmuck. Das sind alles wunderbar nutzlose Dinge, die kein Mann sich je wünschen würde, aber jeder Mann weiß, dass Frauen das wollen.

Also überschütten Sie sie mit diesen nutzlosen Kinkerlitzchen. So oft wie möglich, aber nie vorhersagbar. Wenn Ihre Liebste es erwartet, bekommt sie nichts, wenn sie nicht damit rechnet, wird sie in ein Blumenmeer getaucht. Von Zeit zu Zeit können Sie ihr auch etwas zum Anziehen kaufen, etwas Erotisches aus schwarzer Spitze oder so. Natürlich dürfen die Kinkerlitzchen nicht zu teuer sein, sonst gehen Sie Bankrott, aber bei Aldi bekommen Sie Nelken und Tulpen sehr günstig, und bei den Kaffeeröstern gibt es manchmal wirklich preiswerte Schmuckstücke, die nach was aussehen. Sie müssen nur aufpassen, dass Ihre Liebste nicht herausfindet, dass Sie bei Tchibo statt bei Cartier waren, sonst bekommen Sie Ärger.

Apropos Ärger. Wenn Sie Ihrer Liebsten das letzte Mal vor fünf bis zehn Jahren etwas Nutzloses mitgebracht haben, wird es gefährlich. Sie schöpft Verdacht. Wahrscheinlich tun Sie es ja nur, wird sie mutmaßen, um Ihr schlechtes Gewissen zu beruhigen. Wahrscheinlich gehen Sie fremd. Wahrscheinlich gehen Sie schon länger fremd. Da war doch diese neue Mitarbeiterin, die Sie so feurig beschrieben haben. Und überhaupt, wenn man es genau bedenkt, sind Sie in letzter Zeit verdächtig oft wegen Überstunden sehr spät nach Hause gekommen. Wenn Ihre Liebste bei diesem Punkt ihrer Überlegungen angekommen ist, haut sie Ihnen den schönen Strauß roter Tulpen um die Ohren, dass die Blütenblätter nach allen Seiten fliegen, und schließt sich heulend im Badezimmer ein.

Eigentlich liegen Sie mit der Schenkerei im Überfluss sowieso ganz falsch! Frauen wollen in allererster Linie, dass Sie ihnen Aufmerksamkeit in Form von Zeit und Zuhören schenken, hier kennt der Überfluss keine Grenzen. Das darf dann ruhig auch mit einem nutzlosen Kinkerlitzchen garniert sein, zum Beispiel einem Diamantring. Entspannende Wochenenden zu zweit möchte sie mit Ihnen verbringen, ohne Handy und Geschäftsunterlagen im Gepäck, nur die Kreditkarten dürfen Sie nicht vergessen.

Aber das ist nun wirklich zu viel verlangt, finden Sie nicht auch?! Schenken Sie ihr lieber etwas Teures und erklären Sie ihr klipp und klar, dass Sie andere Prioritäten setzen.

«Ein langes Gespräch mit dir bringt keine Kohle», erläutern Sie ihr, «und darauf legst du schließlich auch wert, denn ohne Kohle keine Reise nach Paris und kein Diamantring. Das ist doch vollkommen logisch!» Jedenfalls für Leute mit Hirn, für Männer also, fügen Sie in Gedanken hinzu.

Das Weib kennt aber keine Logik. Eines Tages wird Ihre Frau vor Ihnen stehen und verkünden, dass sie mit dem armen Poeten aus dem dritten Stock, der immer Zeit für sie hat und ihr so schöne, selbst gepflückte Gänseblümchen und Margeriten mitbringt, ein neues Leben beginnen wolle. Entweder wirft sie Ihnen die Brillies, die Sie ihr geschenkt haben, vor die Füße, oder auch nicht. Dann betrachtet sie sie als Schmerzensgeld und nimmt sie vorsichtshalber mit, als Polster für den armen Poeten. Denn Frauen sind sehr pragmatisch.

Moderne Käfighaltung

Frauen bekommen heutzutage eine gute Ausbildung. Dagegen ist nichts einzuwenden, dadurch werden sie zu interessanteren Gesprächspartnern. Aber die neuzeitliche Mode, dass sie ihre Kenntnisse dann auch anwenden und einen Beruf ausüben wollen, der Unmengen von Aufmerksamkeit von Ihnen abzieht, wo Sie doch das Zentrum ihres Lebens sein sollten – die ist ein Auswuchs moderner Lebensweise, der in Ihrem Leben nichts verloren hat. Eine verheiratete Frau sollte sich um das häusliche Glück kümmern. Und damit ist vor allem Ihr Glück, geschätzter Leser, gemeint. Noch vor wenigen Jahren war das eine Selbstverständlichkeit, doch leider sind Sie zu spät geboren.

Passen Sie also höllisch auf, dass Ihr Schatz nie auf die Idee kommt, sich nach einer Beschäftigung außer Haus umzusehen. Verhindern Sie um Himmels willen, dass sie eigene Initiativen entwickelt, denn Frauen tendieren zur Maßlosigkeit. «Die Kinder sind aus dem Gröbsten heraus», wird sie wahrscheinlich sagen, «und der Tag wird mir lang zu Hause.» Alarm! Als Nächstes kommt: «Und ich würde gerne wieder in meinen Beruf zurückkehren.» Das bedeutet: kein warmes Essen mehr, keine aufgeräumte Wohnung und kein kalt gestelltes Bier, wenn Sie nach Hause kommen, kein gierig offenes Ohr nach der Welt da draußen mit dem harten Überlebenskampf, kein bewunderndes Staunen, wie Sie das alles schaffen. Die Kinder werden verlottern und in der Schule absacken. Und zum Sex wird sie zu müde sein. Lassen Sie es nicht dazu kommen!

Es gibt einen Ausweg, aber es heißt listig vorgehen. Sie müssen vorausschauend planen, um zu verhindern, dass Ihre Liebste anfängt zu planen.

Zunächst einmal betten Sie sie auf Rosen. Erfüllen Sie ihr jeden materiellen und immateriellen Wunsch. Sie braucht diese Wünsche nicht einmal zu äußern, Sie lesen sie ihr alle von den Augen ab. Das erzeugt Dankbarkeit und Abhängigkeit. Beschäftigen Sie sie tagesfüllend mit so wichtigen Dingen wie der Organisation der nächsten Urlaubsreise und des neuen Sofas fürs Wohnzimmer oder der Vorbereitung eines Abendessens für Ihre Kollegen und Geschäftspartner. Halten Sie alle außerhäuslichen Herausforderungen, die von Ihrer Liebsten Eigeninitiative und zu viel Einsatz erfordern, von ihr fern. Die kosten nur Kraft auf Nebenschauplätzen.

Ermutigen Sie sie, sich wieder ihren alten Hobbys wie der Seidenmalerei oder dem Nähen zuzuwenden, natürlich nur, wenn sie Hobbys hatte, die nicht zu zeitaufwendig sind und jederzeit unterbrochen werden können, wenn sie gebraucht wird – gebraucht werden ist nämlich auch ein vorzüglicher Köder. Machen Sie ihr klar, dass die Kinder Hausaufgabenbetreuung brauchen und Sie alle zusammen ein harmonisches Familienleben mit regelmäßigen Mahlzeiten.

All dies kann funktionieren, wenn Sie es entschlossen anpacken. Aber vielleicht steht sie trotzdem eines Tages vor Ihnen und verkündet, dass sie Sie noch heute verlassen wird, weil ihr dieser Käfig zu eng ist. Das wäre zwar verdammt undankbar, aber so sind moderne Hühner – äh – Frauen eben manchmal!

Entdecken Sie den Softie in sich

Und das Schönste: Martin ist Sitzpinkler!
Du hast vielleicht immer ein Glück mit deinen Männern!
WASCHSALON
CAFE
TEE
PREISE

Nach allem, was Sie bis hierher gelesen haben, sind Sie vielleicht zu dem Schluss gekommen: Der Macho ist ein Auslaufmodell. Denn erstens lebt er riskant und aufreibend: Erobern, Siegen und Herrschen, sowohl im Beruf als auch anderswo, ist anstrengend, und dazu sind Sie viel zu bequem. Zweitens: Welche Frau will sich schon permanent unterdrücken lassen, welche Frau hat schon Lust, ihren Liebsten ständig zu bewundern? Der Softie ist die gefragte Mann-Version, der liebe, sanfte, einfühlsame Mann. Ein Mann, der sich anlehnen möchte und die weichen Züge seines Charakters nicht unter einer rauen Schale versteckt, bis sie total verkümmert sind, sondern sie ebenso offen zur Schau trägt wie seine Birkenstock-Sandalen.

Der Softie ist zwar eine Erfindung der Frauen, aber deshalb muss er nicht unbrauchbar sein. Jahrhundertelang haben Frauen sich einen Mann gewünscht, der sie versteht, der ihre Gefühle teilt, der ihr Verhalten billigt und nicht belächelt, der sich nicht über sie erhebt oder ihnen herablassend vorschreibt, was für sie gut und richtig ist. Die einzig richtige Schlussfolgerung war: Was männlich ist am Mann, gehört abgeschafft. Männer sind gefährliche Wesen und potentielle Vergewaltiger, da sie im Besitz des dazu notwendigen Werkzeuges sind. Das leuchtet doch unmittelbar ein, nicht wahr?

Endlich ist die Zeit reif und Frauen können versuchen, ihren Söhnen beizubringen, wie man sich vom alten Männlichkeitswahn löst und zum Wunschtraum der Frauen avanciert, denn früh müssen die Weichen gestellt werden: Schon kleine Buben sollen mit Puppen spielen und ihre Spielzeugpistolen verachten. Nur dann wird es ihnen gelingen, ihre weiblichen Seiten zum Blühen und Gedeihen zu bringen.

Lauschen Sie nach innen, sensibler Leser, und entdecken Sie die weichen Seiten Ihres Wesens. Sie werden feststellen, wie entspannend das ist und welche Last Ihnen von den breiten Schultern fällt, auch wenn Sie den Softie bisher für einen Schlappsack mit der Tendenz zum Lahmarsch gehalten haben. Bedenken Sie außerdem, dass das Ziel *jedes* Mannes, ob Macho oder Softie, dasselbe ist: Wie kriege ich sie rum? Zwar führen viele Wege nach Rom beziehungsweise in die Arme der Frauen, aber die Frauen erwarten heutzutage weitaus mehr und vor allem sehr Unterschiedliches von Ihnen. Daher lohnt es sich durchaus, auch einige Softiestrategien in Ihr Repertoire aufzunehmen und zu lernen, flexibel und ihren Erwartungen gemäß zu reagieren. Nur so können Sie Ihr Ziel erreichen und Ruhe und Frieden in Ihrem männlichen Dasein finden.

Der Rollentausch

Es war eigentlich seit ewigen Zeiten so, so ewig, dass man geneigt war, es für gottgegeben zu halten: Der Mann bewährt sich draußen im feindlichen Kampf ums Dasein, seine Frau hält ihm den Rücken frei, unterstützt ihn, wo sie kann, bewundert ihn für seinen Mut und seine Tatkraft und wärmt ihm das Nest, wenn er Ruhe braucht. Und er, der Krieger, erntet die Lorbeeren.

Dieser Zustand *ist* aber nicht gottgegeben, das haben Sie jetzt hoffentlich begriffen! Die neue Karrierefrau braucht nun von Ihnen, aufgeschlossener Leser, Rückendeckung, Unterstützung und uneigennützige Bewunderung. Natürlich geht es nicht nur darum, den alten Spieß einfach umzudrehen, denn die Ansprüche haben sich ein bisschen gewandelt. Die moderne Karrierefrau will keinen unterwürfigen Waschlappen, an dem sie sich die Füße abputzen kann. Sie will einen erfolgreichen, muskelgestählten, am liebsten akademisch gebildeten, weisen Poeten, der jederzeit seine Bedürfnisse hinter den ihren zurücktreten lässt. Sie will alles, und das nennt sie Liebe.

Sie kommt abends müde aus dem Büro, und da stehen Sie schon, duftend und gut gelaunt, mit zwei Gläsern Campari-Soda in der Hand. «Setz dich doch, Schatz», fordern Sie Ihre Liebste auf, «und entspann dich!»

Nach einer kleinen Pause fügen Sie hinzu: «Wie lief es heute?»

Und dann lauschen Sie gebannt ihrer Schilderung,

wie sie den schwierigen Geschäftspartner schließlich doch um den Finger wickeln konnte und einen lukrativen Abschluss getätigt hat.

«Toll, wie du das schaffst», sagen Sie hingerissen, «und dabei siehst du immer noch so gut aus, nach einem so anstrengenden Tag!»

Während Sie ihr die Füße massieren, erwähnen Sie nur nebenbei, dass Sie alle Aufträge erledigt haben: Sie waren beim Bäcker, haben die Seidenblusen Ihrer Liebsten aus der Reinigung geholt und auch die Bankauszüge nicht vergessen. Sie wird es mit einem huldvollen Kopfnicken quittieren. Banalitäten dieser Art interessieren sie nicht wirklich, solange keine Pannen passieren.

Später, nach einem gepflegten Abendessen, das Sie sorgfältig komponiert haben, am schön von Ihnen gedeckten Tisch, dürfen Sie ihr vielleicht das neueste Gedicht vorlesen, das Sie verfasst haben, falls sie nicht zu müde ist.

Wenn sie sehr gut drauf ist, wird sie Ihnen signalisieren, dass sie eventuell noch Lust auf etwas Erotik verspürt. Da darf es für Sie kein Halten mehr geben: Her mit dem Champagner und den zärtlichen Vorspielen, ganz gleich, ob Sie Lust haben oder nicht.

Ich sehe schon, allein das Lesen dieser Zeilen erschöpft Sie. Geben Sie nicht zu schnell auf, Sie wollen ja kein Hausmütterchen, nicht wahr? Sie sind doch stolz auf Ihre Liebste, die moderne Karrierefrau, und neuartige Modelle haben eben Ihren Preis.

Still im Aug' erglänzt die Träne

Es gibt ja gottlob nicht nur die Pseudosofties, die nur so tun als ob, um bei ihrer Beute in die Unterhose zu kommen. Es gibt sie wirklich, die echten domestizierten Männer, die ihrer Liebsten alle Wünsche von den Augen ablesen, bevor diese sie überhaupt empfunden, geschweige denn ausgesprochen hat.

Auch Sie, urwüchsiger Leser, können es schaffen, Ihre männlichen Triebe ganz abzulegen, um endlich zum echten Supersoftie zu avancieren, dem Traum aller Frauen, jedenfalls von Zeit zu Zeit.

Ihre Liebste hat den Wunsch geäußert, dass Sie mehr gemeinsam machen sollten. Natürlich meint sie damit die Dinge, die *ihr* Spaß machen. Sie hat keineswegs die Absicht, mit Ihnen Nachmittage lang die Formel-1-Übertragung im Fernsehen anzuschauen oder sich bei einem Regionalligaspiel Ihrer Fußballmannschaft die Beine in den Bauch zu stehen. Zerbrechen Sie sich bitte sofort den Kopf, was ihr gefallen könnte. Schlagen Sie ihr eine gemischte Selbsterfahrungsgruppe für Paare vor. In Selbsterfahrungsgruppen wird nämlich vor allem über Gefühle geredet. Frauen lieben es, über Gefühle zu reden.

In Selbsterfahrungsgruppen finden Sie in der Regel eine bestimmte Sorte des erleuchteten Softies, von dem Sie viel lernen können, da er sich von seinen Steinzeitwurzeln völlig abgenabelt hat. Er hat schon viele Selbsterfahrungsgruppen hinter sich und wird Ihnen von Ihrer Liebsten und all den anderen anwesenden Frauen bald als Vorbild angepriesen. Auf keinen Fall dürfen Sie sich, womöglich Arm in Arm mit anderen männlichen Teilnehmern, über ihn lustig machen! Das verzeiht Ihnen Ihre Liebste nie!

Dieser wahre Softie kann in Perfektion über seine Gefühle reden. Er stülpt sein Innerstes nach außen, gibt Schwächen und Fehler bereitwillig zu und – ganz wichtig – bricht an den richtigen Stellen in Tränen aus. Damit Sie nicht völlig unvorbereitet sind, üben Sie zu Hause den überzeugenden Gefühlsausbruch. Ziehen Sie die Augenbrauen in der Mitte zusammen und an der Schläfenseite schräg nach unten, senken Sie den Kopf etwas auf die Brust und blicken Sie von unten nach oben mit wundem Dackelblick, schieben Sie die Unterlippe vor, stoßen Sie schubweise die Luft aus den Lungen und verkrampfen Sie den Gaumeninnenbereich. Wenn Sie das lange genug machen, kommt so etwas wie ein trockenes Schluchzen zustande. Das reicht für den Anfang.

Der Musterknabe

Der Mann, der sich wie ein pubertierender Lümmel benimmt, gehört nun wirklich in die Mottenkiste. Schluss mit dem Abtauchen hinter der Zeitung am Frühstückstisch, Schluss mit dem kühnen Wurf des Sakkos auf die Wohnzimmercouch nach der Heimkehr aus dem Büro, Schluss mit dem erleichternden Rülpser nach dem kräftigen Schluck aus der Bierflasche. Gute Manieren und Rücksichtnahme sind die hervorstechendsten Tugenden des modernen Mannes.

Als rücksichtsvoller Mann fragen Sie unablässig nach, ob Sie auch alles nach den Wünschen Ihrer Liebsten erledigt haben. Schon morgens im Bad entfernen Sie die Reste Ihrer Bartstoppeln aus dem Waschbecken und wischen es nochmal sauber, nachdem Sie sich die Zähne geputzt haben. Natürlich fragen Sie sie dann, ob ihr auch recht ist, *wie* Sie das Waschbecken geputzt haben, und geloben umgehende Besserung, sollten Sie gefehlt haben. Sie deponieren Ihre schmutzigen Unterhosen und Socken brav im Wäschekorb, anstatt sie, wie ein normaler Mann, irgendwo in der Wohnung auf den Boden fallen zu lassen. Beim Frühstück haben Sie gute Laune, unterhalten sich angeregt mit Ihrer Herzensdame und fragen höflich nach der Butter, anstatt muffig und übel riechend hinter der Zeitung in der Nase zu bohren. Sie sind immer pünktlich zu Hause und interessieren sich bei Ihrer Heimkehr höflich und liebevoll dafür, wie es ihr geht und ob sie einen schönen Tag hatte. Sie gehen niemals mit Kumpeln zum Skatspielen oder zum Fußball. Sie trinken nicht, rauchen nicht und essen freiwillig Salat und andere vitaminreiche Kost. Sie ziehen bereits vor der Haustür die Schuhe aus, anstatt fröhlich ins Wohnzimmer zu trampeln und «Na, so was!» zu sagen, wenn Sie die Dreckspuren auf dem Teppich sehen, um sich dann gemütlich in einen Sessel fallen zu lassen und die beschuhten Füße auf das Sofa zu legen. Sie sind eben *kein* normaler Flegel, der die Schuhe nur auszieht, wenn er mit seiner Braut ins Bett will.

Sind Sie so perfekt, sind Sie der Musterknabe, das Idealbild? Wenn nicht, versuchen Sie es bitte, nur für ein Weilchen. Anfangs wird sie es hinreißend finden, aber nach einigen Monaten können Sie durchatmen, weil Ihre bessere Hälfte Sie entweder anfleht, wieder der Alte zu werden, oder sie gleich an die frische Luft setzt. Keine Frau erträgt auf Dauer einen Heiligen, den sie nicht mehr reformieren kann. Es ist ihr viel lieber, wenn sie sich bei ihrer Freundin lautstark über den unvollkommenen Neandertaler beklagen kann, der bei ihr zu Hause herumgrunzt.

Es gibt dicke und dünne Frauen, große und kleine, blonde, rothaarige, brünette und schwarze. Nur ganz wenige sind Abkömmlinge des afrikanischen Stammes, der den dicken weiblichen Hintern zum Schönheitsideal erhoben hat – je dicker, desto besser. Alle Frauen dieser Welt – egal mit welcher Haarfarbe –, die nicht zu diesem Stamm gehören, finden ihren Hintern zu dick, ganz gleich, wie er aussieht. Deshalb bewegen Sie sich hinternmäßig sehr schnell auf gefährlichem Boden, verehrter Leser!

Stellen Sie sich bitte folgende Situation vor: Sie wollen ausgehen. Ihre Liebste hat sich bereits fünfmal umgezogen. Sie dreht sich vor dem Spiegel hin und her und sagt mit Verzweiflung in der Stimme:

«Ich sehe furchtbar aus! In dieser roten Hose ist mein Hintern eine Katastrophe, noch schlimmer als in der schwarzen!! Findest du nicht auch, dass mein Hintern viel zu dick ist?!?»

Vorsicht, diese Frage birgt Dynamit!

Sie schätzen sicherlich, wie die meisten Männer, Objektivität, Ehrlichkeit und ein klares Wort. Da Sie ohnehin bereits eine halbe Stunde zu spät dran sind, wäre es nur natürlich, gereizt zu fauchen:

«Dein Kleiderschrank ist am Platzen, und dein Hintern interessiert mich jetzt nicht, obwohl er zugegebenermaßen auch am Platzen ist! Mach, dass du endlich fertig wirst!»

So spräche ein Mann der alten Schule, der zu unterscheiden weiß, was die Welt am Laufen hält und was nicht – der Hintern Ihrer Liebsten ist es jedenfalls nicht, das weiß er genau! Zwar hat im Lauf der Geschichte schon so mancher Hintern, der von Helena zum Beispiel, ausgewachsene Kriege ausgelöst, aber ganz objektiv betrachtet, ist der Hintern von Helena mit dem Ihrer derzeitigen Gefährtin wirklich nicht zu vergleichen!

Mancher Macho setzt noch ein Pfund drauf und macht seiner Liebsten sogleich einen nützlichen Vorschlag, was sie gegen ihre voluminöse Rückseite tun kann. Frauen brauchen konkrete Anweisungen, das weiß doch jeder! Er gibt ihr zum Beispiel den aufmunternden Rat:

«Friss halt nicht so viel und bewege dich mehr, dann gehst du nicht so auseinander! Mit dem Bewegen kannst du gleich anfangen und ein bisschen zügiger in die Gänge kommen!»

Sie als aufgeklärter Zeitgenosse wissen jedoch, dass so ein Verhalten Frauen vergrault oder mindestens einen saftigen Krach provoziert. Ihre Liebste würde die Schranktür zuknallen und sich weigern, überhaupt noch einen Schritt mit Ihnen aus dem Haus zu gehen. «Du gnadenloser Rüpel!», würde sie brüllen. «Du unsensibler Klotz! Ich weiß wirklich nicht, warum ich mich nicht schon längst von dir getrennt habe!»

Deshalb ist es besser, wenn Sie einfach in Deckung gehen. Sie binden sich auf ihre Hinternfrage hin mit viel Aufmerksamkeit die Krawatte und fragen mit abwesendem Gesichtsausdruck: «Hast du was gesagt?»

Das ist zwar nicht die hohe Schule des Softietums, sondern nur eine akzeptable Notlösung, und es beweist leider nebenbei, was Ihre Liebste ohnehin weiß: dass sie reden kann, was sie will, dass Sie ihr sowieso *nie* zuhören und dass Sie sich für ihre Anliegen im Allgemeinen und für ihr Hinternproblem im Speziellen überhaupt nicht interessieren.

Der Vollständigkeit halber verrate ich Ihnen eine Vorgehensweise für Fortgeschrittene, die sich weder in die Macho- noch in die Softieecke einreihen lässt. Es ist der Hit schlechthin: Vergessen Sie Ehrlichkeit, Objektivität und das klare Wort. Lernen Sie, plausibel zu lügen! Auch wenn der Hintern Ihrer Liebsten Schlachtross-Ausmaße hat, nehmen Sie sie in den Arm und sagen:

«Ich liebe jeden Kubikzentimeter deines Hinterns und möchte kein einziges Gramm missen!»

Dann lockern Sie Ihre Krawatte und fügen hinzu: «Und wenn ich dich jetzt so anschaue, frage ich mich, ob wir nicht noch ein Viertelstündchen Zeit haben …»

Lügen haben lange Beine

Ich weiß, dass es political incorrect ist, aber Frauen hören viel lieber schöne, plausible Lügen als die bittere Wahrheit. Allerdings müssen die Lügen wirklich gut sein. Gut lügen ist eine Kunst, die die meisten Männer nicht beherrschen.

Manchmal löst die Wahrheit hysterische Reaktionen aus. Manchmal wird sie Ihnen auch nicht geglaubt. Schon allein deswegen lohnt es sich, lügen zu lernen. Zur Verdeutlichung will ich Ihnen noch ein weiteres Beispiel aufzeigen.

Haben Sie einmal belauscht, wenn sich Frauen über ihre Haare unterhalten? Sie können einen geschlagenen Nachmittag oder einen ganzen Abend über das reden, was ihr Friseur das letzte Mal wieder verbockt hat, er hat nämlich fünf Millimeter zu viel abgeschnitten, ausgerechnet vor dem rechten Ohr! Sie besprechen, welche Haarlänge sie als Nächstes anvisieren, ob das neue Rot wirklich so eine gute Idee war und ob die saure Dauerwelle die Haare schädigt oder nicht. Wenn sie die eigenen Haare und alle verfügbaren Stylingprodukte durchgehechelt haben, gehen sie an das Besprechen der Haartracht anderer Frauen. Das dauert nochmal ein paar Stunden. Und es wird nie langweilig. Haare sind nämlich das Wichtigste im Leben einer Frau.

Sie, lieber Leser, nehmen hingegen die Frisur Ihrer Liebsten nur dann wahr, wenn sie eine drastische Änderung vollzogen hat. Zum Beispiel, wenn sie ihre Haare von hüftlang auf raspelkurz gesäbelt hat, denn solche Veränderungen mögen Sie überhaupt nicht. Wenn sie aber das Haar neuerdings hinter die Ohren streicht oder eine leichte Blondtönung gewagt hat, fällt Ihnen überhaupt nichts auf. Sollte Ihre Liebste Sie also mit diesem leicht gereizten, spitzen Unterton fragen: «Wie findest du meine Frisur?», dann hüten Sie sich, machomäßig und wahrheitsgemäß zu antworten: «Was ist mit deiner Frisur? Hast du was geändert?» Oder, etwas drastischer: «Deine Frisur sieht aus wie ein verlassenes Rattennest. Ich kann dir einen guten Anwalt empfehlen, der aus dem Friseur bestimmt ein saftiges Schmerzensgeld herausholt.» Das garantiert Ihnen eine tagelange Eiszeit. Es ist auch nicht empfehlenswert, zu viel Begeisterung zu äußern: «Echt toll! Endlich siehst du mal nach was aus!»

Nein, alles ganz falsch! Gefragt ist genau das richtige Ausmaß an Enthusiasmus, gemischt mit der Versicherung, dass sie mit jeder Frisur fabelhaft aussehe. Eine nette, plausible Lüge eben.

Weg mit dem Tier in dir!

Wenn der Kater Lust hat auf die Kätzin, macht er sich auf die Suche, bis er ein rolliges Weibchen gefunden hat. Dann bespringt er sie und verbeißt sich in ihren Nacken. Sie bleibt in Duldungsstarre, bis die ganze Sache vorüber ist. Fast überall im Tierreich streifen Männchen rastlos umher, nichts als Fressen und Begatten im Sinn.

Daran können Sie sehen, wie weit sich der menschliche Säuger entwickelt hat. Sie, softer Leser, haben hoffentlich begriffen, dass Sie Ihre tierischen Wurzeln nicht zeigen dürfen. Männliche Lust ist per se zu verurteilen, da sie ja doch nur tierische Befriedigung zum Zwecke der Gesunderhaltung zum Ziel hat.

Der moderne Mann ist ein wahrer Romantiker, zart und zärtlich, aber niemals brutal fordernd. Er hält mit feuchten Handflächen Händchen, streicht ihr übers Haar und über die Wange, und nur wenn sie es ausdrücklich will, küsst er sie oder sie ihn. Denn heutzutage ist es das juristisch verbriefte Recht der Frau, zu bestimmen, wann sie mit wem, worauf und wie Lust hat. Und die wilden Phantasien von rauen, rücksichtslos fordernden Männern, denen sich Frauen angeblich zuhauf willenlos hingeben, haben *überhaupt nichts* mit ihren wirklichen Wünschen zu tun, damit das klar ist!

Ihnen als modernem Mann bleibt daher keine Wahl: Melden Sie Ihre Ansprüche vorsichtig und rechtzeitig an, und holen Sie sich von Ihrer Liebsten vorab eine schriftliche Einverständniserklärung in dreifacher

Ausfertigung, damit Sie nicht wegen versuchter Vergewaltigung vor dem Kadi landen. Wenn es Ihnen gelingt, zu dem von ihr genau festgelegten Zeitpunkt noch einen hochzukriegen, haben Sie den Gipfel der Evolution erreicht: der Mann mit dem komplett domestizierten Unterleib.

Pater doloroso

Können Sie sich vorstellen, fortschrittlicher Leser, dass es eine Zeit gab, in der sich Männer schämten, wenn sie einen Kinderwagen schieben mussten? Manchmal wurde ihnen zugemutet, vor einem Laden – «nur zwei Minuten» – auf den Nachwuchs aufzupassen, und sie setzten alles daran, so unbeteiligt und lässig wie möglich auszusehen, so, als ob das wimmernde Paket neben ihnen gar nichts mit ihnen zu tun hätte. Wenn eine mitfühlende Passantin sie darauf aufmerksam machte, dass das Baby aus vollem Halse schrie, taten sie so überrascht, als sei es gerade vom Mars heruntergefallen und zufällig neben ihnen gelandet.

Auch zu Hause, wenn keiner zusah, verbot sich dem Mann Wickeln und Füttern des kleinen Störenfriedes selbstverständlich von selbst. Die Tatsache, dass Männer keine Brust zum Säugen haben und daher von der Natur auch nicht für diese Tätigkeit vorgesehen sind, galt als ausreichende Begründung für die Ablehnung solcher Zumutungen. Kinder wurden für den Papa erst interessant, wenn sie sprechen konnten und sich als Partner für das Fußball- oder Schachspiel eigneten.

Wie schön, dass diese rauen Sitten der Vergangenheit angehören! Sie, auf der Höhe der Zeit befindlicher Leser, sind Lichtjahre von Ihren archaischen Großvätern entfernt. Sie wickeln und füttern nicht nur mit Hingabe, Sie stehen dafür sogar nachts auf und wandern stundenlang umher, wobei Sie die wachsende Verzweiflung über Ihre Unfähigkeit, dieses kreischende Bündel Protoplasma in Ihren Armen zur Ruhe zu bringen, keinesfalls äußern dürfen. Sie sind jederzeit bereit, Ihren Nachwuchs in einem Tuch um Ihren haarigen Bauch zu schnallen und ihn am Sonntagnachmittag weithin sichtbar spazieren zu tragen.

Doch Ihre Feuertaufe legen Sie ab, *bevor* der Nachwuchs auf die Welt kommt. Es gehört zu den Pflichten des modernen Mannes, aus Solidarität mit der Geschwängerten die gesamte Schwangerschaftsvorbereitung gemeinsam durchzuführen.

Sie und Ihre Liebste liegen gemeinsam wie Maikäfer auf dem Rücken auf dem Wohnzimmerboden, üben In-den-Bauch-Atmen für die Eröffnungswehen und Hecheln für die Presswehen, und dann pressen Sie gemeinsam probehalber, natürlich nicht zu stark, damit es nicht vorzeitig losgeht. Wenn Sie wirklich fortschrittlich sind, gehen Sie gemeinsam zur Schwangerschaftsgymnastik, wo Sie all das in großen Gruppen, zusammen mit anderen fortschrittlichen Männern und Frauen, entspannt auf einem Turnhallenboden exerzieren.

Das wird Sie zwar nicht vor einem Ohnmachtsanfall bewahren, wenn Sie dann im Kreißsaal sind und sich daran erinnern, dass Sie eigentlich kein Blut sehen können. In dem Moment wünschen Sie sich, während Sie die Hand Ihrer Gebärenden tätscheln, sie hätte eine unvorhergesehene Sturzgeburt gehabt, bevor Sie gerufen werden konnten. Aber danach, wenn Sie die Geburt überstanden haben, können Sie im Kreise Ihrer Freunde prahlen, wie vortrefflich Sie sich geschlagen haben und wie heftig Sie bedauern, dass Ihnen als

Mann dieses wundervolle Geburtserlebnis versagt ist. Haben Sie Geduld! Die moderne Medizin hat es fast geschafft, Männern auch die letzte weibliche Bastion zugänglich zu machen.

Ihre Liebste hasst Hausarbeit. Sie sagt das auch dauernd. Sie hassen die Hausarbeit ebenfalls, aber Sie haben sich, als moderner Mann, mit ihr in diesem Punkt irgendwie arrangiert. Sie putzen sogar so, dass sie nicht mehr jedes Mal hinterherputzen muss.

Ihre Liebste verkündet auch jedem, der es hören will, dass sie eine schlechte Hausfrau ist, das kommt gut, und sich einen Dreck um ein klinisch reines Wohnzimmer schert. Ordentliche Haushaltsführung ist spießig und von vorgestern. Trotzdem bekommt sie jedes Mal einen hysterischen Anfall, wenn sie ihre Freundinnen eingeladen hat. «Ich mache gar keine Umstände!», flötet sie ins Telefon. «Ein Happen zu essen, und ansonsten amüsieren wir uns bei einem Glas Rotwein», plaudert sie munter weiter.

Anfangs sind Sie auf solches Geschwätz hereingefallen und haben gemütlich weiter Ihre Zeitung gelesen. Aber jetzt wissen Sie: Sobald sie den Hörer aufgelegt hat, herrscht Alarmstufe eins. Das Wohnzimmer und das Gästeklo müssen auf Hochglanz gebracht werden, nichts darf mehr rumliegen, weg mit Ihrer halb gelesenen Zeitung, Ihrer Lieblingstasse und Ihrem Jackett auf dem Sessel. Auch im Schlafzimmer wird das Bett penibel glatt gestrichen, und alle herumliegenden Schuhe fliegen in hohem Bogen in den Schrank – wer weiß, womöglich möchte Annette einen Blick auf die neuen Schlafzimmervorhänge werfen und dringt unverhofft sogar in den intimsten Bereich Ihrer Zweisamkeit vor. «Annette ist pedantisch ordentlich und macht immer so negative Bemerkungen über Susannes schlampige Wohnung!», keucht Ihre Liebste atemlos.

Es gibt Männer, die sich in solch einer Situation aufs Sofa lümmeln und ironische Bemerkungen vom Stapel lassen, die sich auf den Verstand Ihrer Liebsten beziehen und auf ihre konsequente Verfolgung unspießiger Ideale einer Nichthausfrau. Andere Männer suchen bei den ersten panischen Putzansätzen fluchtartig das Weite und kommen erst wieder nach Hause, wenn die letzte Freundin die Wohnung verlassen hat.

Sie hingegen, verehrter Leser, dem die Ideale des modernen Mannes zur zweiten Natur geworden sind, springen Ihrer Liebsten tatkräftig zur Seite, obwohl Sie den Gegensatz zwischen ihrem Reden und Tun überhaupt nicht begreifen können, aber Sie haben es längst aufgegeben, Sinn in die weibliche Logik zu bringen. Sie räumen ohne ausdrückliche Anweisung auf und putzen freiwillig das Gästeklo und auch das eigene im Bad (für alle Fälle und wegen Annette, man weiß ja nie), Sie bieten sich an, die Zutaten für den «Happen zu essen» – es handelt sich um ein dreigängiges Menü – einzukaufen, Sie helfen sogar klaglos bei dessen Vorbereitung. Natürlich verschwinden Sie lautlos, bevor die Freundinnen eintreffen, spätestens zehn Minuten bevor Annette klingelt. Aber vergessen Sie nicht, pünktlich zurückzukommen (etwa zehn Minuten nach Annettes Weggang), damit Sie beim Aufräumen und Abwaschen helfen können.

Der domestizierte Neandertaler

Es gibt sie inzwischen an jeder Supermarktkasse, diese niedlichen, kleinen Aufkleber zu einer Mark fünfzig.

Auf der linken Seite sieht man ein Strichmännchen im Stehen mit einem niedlichen, kleinen Strichpenis, aus dem es herauströpfelt, und auf der rechten Seite ein Strichmännchen im Sitzen mit einem niedlichen kleinen Strichpenis, der ihm brav senkrecht und tröpfelfrei zwischen seinen waagrechten Oberschenkeln nach unten hängt. Das stehende Strichmännchen ist rot durchgestrichen, und unter dem sitzenden Strichmännchen steht «BITTE!».

Es herrscht inzwischen absolute Einigkeit unter allen fortschrittlichen Geistern, und zwar darüber, dass ein zivilisierter Mensch im Sitzen pinkelt. Geben Sie also auf, lieber Leser. Vorbei sind die Zeiten, in denen Sie munter schlenkernd im Stehen die Wände nach allen Seiten sprengen durften, als hätten Sie einen Weihwasserschwengel in Betrieb genommen. Die urige Männlichkeit ist in einem chancenlosen Rückzug begriffen.

Sollten Sie noch Schwierigkeiten haben mit Ihrer Urigkeit, empfehle ich Ihnen so genannte Selbsterfahrungsgruppen nur für Männer. Die sind sehr lehrreich und sehr nützlich! Im Allgemeinen sitzen sie, die noch unzivilisierten Neandertaler mit den besten Absichten, im Kreis um einen Guru, der seine urige Männlichkeit in einem heroischen Kampf ganz und gar besiegt hat. Er ist weise, weiblich sanft und vollständig erleuchtet. Mit ihm werden Sie lernen, Ihre Männlichkeit im Urschrei letztmalig herauszulassen und dann für immer zu Grabe zu tragen.

Gepinkelt wird ab sofort im Sitzen. Schluss mit der stehenden Pisserei, diesem Ausdruck männlicher Aggressivität, die der eigentliche Grund für das Besprenkeln der WC-Wände ist, damit Sie es wissen!

Katze oder Frau?

In einem Magazin für Katzenfreunde las ich Folgendes: «Sie kann so kühl, so unnahbar, so abweisend sein. Und wenig später so anschmiegsam, so zärtlich. Zwischen behaglichem Schnurren und blitzschnellem Fauchen, Kratzen und Beißen vergehen oft nur Sekunden … Ihr Geheimnis ist ihre Natürlichkeit, ihr Feeling, ihre schnelle direkte Reaktion. Wir reden von einer Katze. Oder von einer Frau? Oder von beiden? Denn Frau und Katze sind sich ähnlich – in der Eleganz ihrer Bewegungen, in ihrem geschmeidigen Gang, ihrer Anmut, ihrem Mut, ihrer Undurchschaubarkeit, ihrer Unbestechlichkeit.»

Frauen sind zwar undurchschaubar, aber ich kann Ihnen, lernbereiter Leser, eins verraten: Alle wollen, genau wie Katzen, Zärtlichkeit. Und zwar *viel* Zärtlichkeit, und oft, am besten täglich. Zärtlichkeit gehört für sie zur romantischen Liebe. Sie ist wichtiger als alles andere.

Allerdings fürchten viele Frauen die männlichen Zärtlichkeiten, weil sie wissen, wo diese unweigerlich enden: in der Horizontalen. Kaum streichelt ein Mann einer Frau zärtlich die Füße, landet sie mit ihm auf der Auslegeware des Wohnzimmerbodens, bevor sie zweimal blinzeln konnte. Kein Wunder, dass manche Frauen so misstrauisch geworden sind, dass sie sich nicht einmal mehr in den Mantel helfen lassen, weil sie fürchten, dass auch die harmloseste Berührung ein eindeutiges Ziel hat.

Die Zeiten, in denen der Macho keine einzige Erektion verschwenden durfte und deshalb immer zum Ziele kommen musste, sind leider vorbei. Wenn Sie sich, auf dem Weg zum Softie, Ihre Erektionen noch nicht abgewöhnen konnten, dann verstecken Sie sie wenigstens gekonnt! Werden Sie zum Weltmeister der Zärtlichkeit. Mancher gewiefte Macho hat das übrigens als größten Umlege-Trick aller Zeiten entdeckt. Er streichelt, schmust, säuselt, was das Zeug hält, aber er kommt nicht zur Sache, bis sein Opfer es kaum noch aushält und ihm vor Gier die Kleider vom Leib reißt.

Sie sind natürlich anders. Sie sind viel weiter entwickelt und würden nie so einen Trick einsetzen. Nein, nein, niemals! Sie haben Ihr eigenes Zärtlichkeitsbedürfnis entdeckt! Wenn Sie sich jetzt noch ein kleines bisschen anstrengen, verwandeln Sie sich vom wilden Dschungeltiger in einen großen schnurrenden Hauskater. Bravo!

Falls Sie jedoch noch nicht ganz standfest sind, üben Sie am besten erst einmal mit Katzen.

Stählen Sie Ihren Körper

Neulich sprach ich mit einer alten Dame – sie war achtundsiebzig –, die mir gestand, dass sie zunehmendes Interesse dafür entwickele, wie Männer ihren wertvollsten Körperteil verpacken. Einmal interessiere es sie im historischen Sinn, und da habe sie erstaunliche Feststellungen gemacht. Es habe tatsächlich Zeiten gegeben, sagte sie, in denen die Männer ihr Gemächt in eine Art Hartschalenbehältnis taten, um es a) zu schützen und um b) unauffällig ein paar Kubikzentimeter dazuzuschummeln. Sie fand es höchst amüsant, als ich ihr mitteilte, dass es auch heute wieder so etwas wie eine Push-up-Unterhose für Männer gebe, die gleichermaßen vorn und hinten die Dinge ein wenig anhebt und im Bedarfsfalle vergrößert. Neben dem historischen Aspekt, so sagte die alte Dame, interessiere sie das Thema auch aus heutiger Sicht, denn sie finde es sehr lehrreich und unterhaltsam, zu prüfen, wie und wo die Männer das Ding verstauten, und sie ertappe sich dabei, wie sie ihnen statt ins Gesicht auf die Hose starre.

Sie, geschätzter Leser, können mir sicher folgen, wenn ich Push-up-Unterhosen für Männer als kulturellen Fortschritt betrachte. Warum sollen sich nur Frauen der Hilfsmittel bedienen, die ihnen eine möglichst vorteilhafte Darstellung ihres Äußeren erlauben?! Aber wie alles hat auch dieser Fortschritt seine zwei Seiten. Denn wenn selbst Frauen mit achtundsiebzig sich so ungeniert verhalten, können Sie sich sicher vorstellen, was die jüngere Damenwelt so treibt: Sie starrt nicht nur, sie fordert auch.

Vielleicht hatten Sie bisher die Vorstellung, dass ein Softie auch körperlich soft sein darf. Oh nein, weit gefehlt! Moderne Frauen verlangen ganz unverfroren den attraktiven, gestählten Mann mit Waschbrettbauch und strammem Po. Nur die Seele darf und muss soft sein! Couchkartoffeln sind out, machen Sie sich also an die Arbeit. Schluss mit dem Bier und den Chips vor dem Fernseher, und rein ins Fitnessstudio. Oder wollen Sie riskieren, dass Sie beim nächsten Discobesuch Abfälliges über die harmlosen, lächerlich kleinen Schwimmringe in Ihrer Taillengegend über sich ergehen lassen müssen?

Ich kann verstehen, dass Sie es beunruhigend finden, wenn Frauen so gnadenlos den Spieß umdrehen. Schließlich war es bisher das Privileg der Männer, Frauen zu taxieren und geringschätzige Bemerkungen über ihr Äußeres zu machen, wenn sie nicht aussahen wie die Kurvenwunder auf dem Poster in der Mitte des *Playboy*. Die Mühen, die es kostet, sich bis ins hohe Alter attraktiv und schön zu halten, waren den Weibern vorbehalten. Ein richtiger Mann darf fressen und saufen und entsprechend aussehen.

Diese Zeiten sind vorbei, und Sie, auf dem Weg zum Neuen Mann, müssen bereit sein, sich dem Diktat und der Beurteilung der Frauen zu beugen. Bald wird es auf diesem Planeten von schönen Menschen nur so wimmeln. Das ist doch wirklich eine gute Neuigkeit!

Das Schweigen der Männer

Frauen reden gerne und Männer schweigen lieber. Dazwischen liegt ein Meer von Missverständnissen. Wenn Sie schweigen, lieber Leser, glaubt Ihre Liebste ganz schnell, dass Sie sie nicht mehr lieben. Dabei schweigen Sie aus dem einfachen Grund, weil Ihnen gerade nichts einfällt, was Sie sagen könnten.

Mir wurde von einer Frau erzählt, die dreizehn Jahre gebraucht hat, um zu einer grundlegenden Erkenntnis über ihren Mann zu kommen. Wenn er schwieg, fragte sie ihn regelmäßig: «Was denkst du?» (Bestimmt sorgte sie sich auch, dass er sie nicht mehr liebt.) Und er antwortete stets: «Nichts!» Sei hielt ihn für besonders tief schürfend, für einen Mann, der nichts Unbedachtes äußert und erst sehr lange nachdenkt, bevor er das Ergebnis seiner inneren Recherchen zum Besten gibt. Nach dreizehn Jahren kam sie zu der schockierenden Einsicht, dass er wirklich *nichts* dachte, wenn er schwieg.

Ein Merkmal des modernen Softies ist also, dass er lernt, zu reden wie die Frauen. Das ist schwieriger, als Sie vielleicht denken, denn es kommt nicht nur darauf an, viel zu reden, sondern vor allem darauf, die richtigen Themen zu treffen.

«In der Autozeitschrift ist dieses tolle neue Cabrio abgebildet! Das würde ich mir gerne als Nächstes kaufen!»

«Bist du wahnsinnig? Das kostet fast achtzigtausend Mark!!»

«Sei nicht so kleinlich! Man gönnt sich ja sonst nichts!»

«Du schon! Nur bei *meinen* Anschaffungen wirst du knickrig!»

Solche Unterhaltungen sind nicht das, was sich die heutigen Frauen unter «miteinander reden» vorstellen.

Frauen wollen über ihre Gefühle reden. Und sie erwarten von Ihnen das Gleiche. Aus Ihrem Schweigen schließt Ihre Liebste messerscharf, dass Sie entweder keine oder negative Gefühle haben, denn wenn Ihre Gefühle positiv wären, könnten Sie sie doch ohne Hemmungen aussprechen, nicht wahr? Legen Sie sich deshalb ein paar Standardantworten zurecht, die Sie beim nächsten Mal auf die Frage «Was denkst du?» geben können. Das ist vor allem dann eine Sache des schieren Überlebens, wenn Sie schon seit geraumer Zeit nicht mehr zugehört haben, weil Ihre Liebste sich lang und breit über ein Thema auslässt, das Sie abgrundtief langweilt.

Also: «Was denkst du?»

Standardantwort 1 (mit träumerischem Gesichtsausdruck): «Ich habe mir gerade überlegt, wie glücklich ich mit dir bin. Ich weiß gar nicht, wie ich es achtundzwanzig Jahre ohne dich aushalten konnte! Ein Leben ohne dich macht für mich überhaupt keinen Sinn mehr!» Da wird ein Leuchten über ihr Gesicht huschen, und es spielt überhaupt keine Rolle, dass Ihre Äußerung mit dem Monolog Ihrer Liebsten überhaupt nichts zu tun hatte. Standardantwort 1 können Sie also ungeniert immer dann einsetzen, wenn Sie überhaupt nicht wissen, worum es geht.

Standardantwort 2 (mit dem Ausdruck konzentrierter Ernsthaftigkeit), wahlweise: «Genauso geht es mir auch immer! – Ich kann dich so gut verstehen! – Das ist wirklich schrecklich! – Wie kann man nur so gemein sein! – Das habe ich auch schon immer empfunden!» Standardantwort 2 hat den Nachteil, dass Sie nicht ganz in Ihre Gedankenwelt abdriften können, sondern ein Minimum an Aufmerksamkeit aufbringen müssen, damit Ihre mitfühlenden Bemerkungen einen rudimentären Sinn ergeben.

Standardantwort 3 (mit einem tiefen Seufzer): «Ich habe gerade überlegt, wie toll das war, als wir uns kennen gelernt haben. Erinnerst du dich noch? Ich wusste sofort, die oder keine! Ging es dir genauso?» Standardantwort 3 hat den Vorteil, dass Ihre Liebste sofort das öde alte Thema fallen lassen und auf das neue Thema einsteigen wird, denn nichts ist so schön wie die Erinnerung an den ersten Funkenschlag zwischen Ihnen. Während Ihre Liebste ins Schwärmen kommt, können Sie ungestört überlegen, wie Sie das neue Cabrio finanzieren werden.

Frauen wollen sich anlehnen

Zum Schluss dieses Abschnittes habe ich etwas wirklich Tröstliches für Sie, lieber künftiger Softie.

Zuerst die schlechte Nachricht. Schauen Sie sich einmal um: Es wimmelt von selbständigen, vorlauten, selbstbewussten, besserwisserischen Powerfrauen. Es kann einem richtig angst und bange werden. Aber obwohl die Frauen sich kaum noch weiblich im Hintergrund halten, haben alle immer noch denselben alten Wunsch – sie wollen sich von Zeit zu Zeit gerne an eine starke männliche Schulter anlehnen.

Und jetzt die gute Nachricht: Keine Frau würde dieses Ansinnen an Sie stellen, denn sich an Sie, als echten Softie, anzulehnen, würde dem Versuch gleichen, ein Tau an eine weich gekochte Nudel zu binden. Da sind Sie fein raus! Die armen Machos müssen herhalten, ob ihnen danach ist oder nicht, während Sie, softer Leser, stattdessen selber gekonnt zusammenbrechen dürfen. Lehnen Sie sich nach einem milden Nervenzusammenbruch kräftig bei Ihrer Liebsten an, bis sie richtig in die Knie geht. Fordern Sie ihre Kraftreserven heraus! Damit demonstrieren Sie nur, wie sehr Sie sich schon dem Weiblichen angenähert haben, und das ist doch schließlich Ihr erklärtes Ziel.

Sollte Ihre Liebste auf die Idee kommen, Ihre fehlende Standfestigkeit zu bemängeln, können Sie ihr entrüstet raten, sich eben einen Macho zu suchen, wenn sie so antiquiert ist.

Ein Fazit für Männer

Meine Freundin war kürzlich mit ihrer kleinen Tochter Laura im Schwimmbad. Laura ist drei. In der Kinderecke befand sich ein Wipp-Pferd. Auf dem Wipp-Pferd saßen zwei Knaben. Laura ging zielstrebig auf die beiden zu, und nach weniger als zwei Minuten ergriffen diese schreiend die Flucht und beschwerten sich lautstark bei Lauras Mutter: «Das kleine Mädchen hat uns das Wipp-Pferd weggenommen!» Die beiden Knaben waren sieben und acht Jahre alt!

Machen wir uns nichts vor, geneigter Leser: Frauen sind stärker geworden. Was waren das für idyllische Zeiten, als die Gattin unterwürfig die Augen von ihrem Stickrahmen hob und bewundernd zu ihm aufblickte, wenn er, seinen Bauch vor sich herschiebend, aus dem Kontor trat. Als sie alles, was er zum Besten gab, ohne den Anflug eines Zweifels und natürlich ohne Widerspruch für klug hielt. Als sie nicht auf die Idee kam, Entscheidungen, die ihr Leben betrafen, selbst mitzugestalten, sondern sie vertrauensvoll in seine starken Hände legte. Als sie, ohne zu murren oder gar seine Mithilfe zu fordern, klaglos den ganzen Haushalt erledigte und dafür kein einziges Wort der Anerkennung erwartete. Ja, seufz, so lange ist das noch gar nicht her, aber jetzt sind diese Zeiten unwiderruflich vorbei.

Frauen sind also stärker geworden. Das heißt, stark waren sie schon zu der Zeit, als der Säbelzahntiger vor der Höhle lauerte und sie ihren Gorgo anfeuerten, sich der Bestie zu stellen. Aber, und das war das Schöne, die Frauen wussten nicht, dass sie stark waren. Jetzt nehmen sie ihre Stärke bewusst wahr. Das allein wäre noch nicht so schlimm, viel schlimmer ist, dass sie auf ihre Stärke pochen und sie nicht mehr schamhaft vor ihrem Liebsten verstecken. Genau da beginnt das Problem, denn eine Frau kann ruhig klüger und stärker sein als der Mann, an dem sie interessiert ist, aber sie darf es ihn nicht merken lassen.

Welcher Mann kann solche Frauen aushalten, ohne die Selbstachtung zu verlieren? Sie haben also die Wahl, lieber Leser: Entweder Sie kaufen sich eine Mai-Ling, wie Gerhard Polt es so treffend beschrieben hat, oder Sie arrangieren sich mit den neuen Powerfrauen. Mai-Ling hat einiges für sich: Sie ist preiswert zu haben und billig zu halten, sie redet nur das Nötigste, und auch das nur, wenn sie aufgefordert wird, sie stellt keine Ansprüche und ist sehr dankbar, sie nähert sich leicht gebeugt, mit dieser angenehmen Unterwürfigkeit, die das eigene Ego so vorteilhaft aufpumpt, kurzum, sie verkörpert alle Männerträume, oder nicht? Die modernen Frauen hingegen wollen vor allem eins: *Mehr!* Mehr von Ihrer Zeit, mehr von Ihrer

Aufmerksamkeit, mehr von Ihrem Geist und mehr von Ihrem Körper. Das Beste, denken Sie vielleicht, ist also, zu kapitulieren und alle Forderungen nach diesem *Mehr* bedingungslos anzuerkennen und zu erfüllen.

Doch halt! Neulich traf ich Katrin, eine junge, hübsche Frau. Sie war fünfundzwanzig, und sie sagte zu mir mit einem tiefen Seufzer und zum Himmel gedrehten Augen: «Männer kann man wirklich nicht mehr ernst nehmen!»

Sie erzählte mir ihre Geschichte: Der letzte Mann, in den sie sich verliebt hatte, war verheiratet. *Noch* verheiratet, wie er betonte. Seine Frau verstand ihn nicht, den Armen. Aber Katrin, die verstand ihn endlich. Also legte er vertrauensvoll seine Probleme und seinen Kopf in ihren Schoß und vertraute darauf, dass sie eine Lösung finden würde. Er flehte sie mit feuchten Augen an: «Ohne dich bin ich nichts. Ich brauche dich, um endlich in Kontakt zu meinen Gefühlen zu kommen, die so lange verschüttet waren! Mit und an dir möchte ich mich weiterentwickeln, möchte wachsen! Rette mich!»

Zunächst war Katrin hingerissen. Endlich ein Mann mit Gefühlen, einer, der auf sie hörte und tat, was sie vorschlug. Nach einiger Zeit wurde ihr sein Verhalten lästig. Wann immer sie eine Frage stellte, erwiderte er: «Liebling, du weißt das viel besser als ich. Entscheide du, was du möchtest! Hauptsache, ich darf bei dir sein!»

Katrin schüttelte sich in Erinnerung an solche Szenen. «Dieses Weichei!», stöhnte sie. «Gibt es denn keine erwachsenen Männer mehr?»

Ja, was wollen Frauen eigentlich? Sie wollen keinen Waschlappen, der sich ihnen auf Gedeih und Verderb ausliefert. Sie wollen gelegentlich auch zu ihm aufblicken können, natürlich ohne ihn fürchten zu müssen. Er soll ein gleichberechtigter Partner in allen Belangen sein, ein starker Mann eben.

Was bleibt Ihnen, geplagter Leser, also übrig? Sie müssen stark werden, genauso stark, wie es die Frauen schon immer waren. Sie müssen lernen, die Forderungen der Frauen vernünftig zu finden, obwohl das wirklich schwer fällt, ich gebe es zu, und vernünftige Gegenforderungen stellen. Sie müssen kompromissfähig werden und auch lernen, im richtigen Moment «Ja» und im richtigen Moment «Nein» zu sagen. Und bei alledem müssen Sie Ihrer Liebsten das Gefühl geben, dass sie die tollste Frau unter der Sonne ist, aber bitte ohne dabei hündisch zu werden. Zu viel verlangt, nicht wahr? Also doch lieber Mai-Ling …

Weibliche Strategien

Entdecken Sie das Weibchen in sich

Wir könnten z.B. zusammen einen Yoga-Kurs belegen – da bräuchtest du auch nix zu reden.
T. GAY

Sie werden, geschätzte Leserin, die folgenden Vorschläge nicht mögen, denn sie klingen im ersten Moment völlig unzeitgemäß. Vermutlich werden Sie Schaum vor dem Mund haben und sich grün und blau ärgern.

Jede halbwegs moderne und starke Frau weiß doch heutzutage, dass frau alles allein in die Hand nehmen kann und auch muss, weil die Männer sowieso zu nichts mehr zu gebrauchen sind, da es sich bei ihnen in der Mehrzahl nur noch um jammernde Schlappsäcke handelt.

Merkwürdigerweise sind trotzdem die meisten dieser starken Frauen auf der Suche nach einem dieser Schlappsäcke, das heißt, sie suchen eigentlich den letzten verbliebenen Nichtschlappsack.

Da haben Sie, starke und autonome Leserin, sich ewig einen Softie erträumt, aber wie das Leben so spielt, haben Träume ihre Tücken. Auf einmal stellen Sie fest, dass ein richtiger Softie keine Herausforderung mehr bietet, denn eine wirkliche Herausforderung bietet nur der Mann, der noch ein paar männliche Ecken und Kanten hat. Leider, leider müssen Sie dafür ein paar Dinge über Bord werfen, wenn Sie einen von ihnen an Land ziehen wollen, und ein paar weibliche Köder aus der Mottenkiste holen, so schrecklich es klingt. Ich traue mich kaum, es auszusprechen! Vielleicht entdecken Sie aber Reste des Weibchens in sich und stellen womöglich fest: Es lohnt sich! Und es macht Spaß!

Das Weibchen tut Dinge, die wir längst überwunden glaubten. Sie bewundert ihren Liebsten überschwänglich, oder jedenfalls tut sie so, als ob. Ein echtes Weibchen muss nämlich nicht wirklich schwach, hilflos, unterwürfig und unlogisch *sein*, es genügt, wenn sie gekonnt mit der männlichen Unvollkommenheit *spielt*. Je nach Situation und männlichem Pendant akzeptiert sie seine Eitelkeiten und seinen Machtanspruch, aber sie nimmt das alles nicht wirklich bitterernst, sondern nutzt es für ihre Zwecke. Sie ist nie in Gefahr, diese männlichen Macken als persönlichen Angriff zu sehen. Deshalb ist es für sie keine Geste der Unterwerfung, wenn sie sich lebenslang hübsch macht, auch nachdem sie einen Ring am Finger hat – und zwar hauptsächlich für ihn und nicht nur für die neidischen Blicke anderer Frauen –, sondern ein bequemes und nützliches Mittel zum Zweck. Sie spielt auch gekonnt mit seinem Jagdinstinkt: Sie lässt sich meist von ihm verführen, selten umgekehrt, und macht sich rar, sodass ihre Hingabe eine Gunst bleibt, die sie ihm jederzeit wieder entziehen kann. Aber im Bett, wenn sie ganz sicher ist, dass er es ernst mit ihr meint, kann sie so leidenschaftlich werden, dass er fast den Verstand verliert. Kurzum: Sie spielt virtuos Klavier auf der Bedürfnisskala der Männer.

Echte Emanzen finden all das natürlich unter ihrer Würde. Beziehungen zu Männern sind eine todernste Sache, Spielereien haben hier keinen Platz. Mit dieser Einstellung erhöhen sie gottlob die Chancen für andere Frauen, die durchaus bereit sind, gelegentlich das Weibchen in sich zu entdecken, um eines der wenigen Restexemplare eines richtigen Mannes zu ergattern.

Ködern Sie ihn

Heute Morgen sitzt Ihnen im Bus ein Typ gegenüber, den Sie unbedingt kennen lernen wollen. Da er keine Anstalten macht, überlegen Sie sich, wie Sie ihn ansprechen und rundheraus um ein Treffen bitten könnten. Entweder hat er Sie nicht zur Kenntnis genommen oder er ist nur schüchtern. In beiden Fällen müssen Sie logischerweise den Anfang machen. Vielleicht könnten Sie ihn um seine Telefonnummer bitten und ihn umgehend anrufen, noch ehe er zu Hause den Mantel abgelegt hat. Selbstredend werden Sie ihn zum nächsten Rendezvous auffordern, bevor er Zeit hatte, sich zu überlegen, ob er Sie überhaupt wieder sehen will.

Moment mal. Wo sind wir? Wir wollten doch lernen, zum Weibchen zu werden! Hier geht es nicht um Logik, hier geht es um Taktik! Erinnern Sie sich bitte sofort an das, was Ihnen Ihre Großmutter beigebracht hat: Männer sind die Jäger und Frauen das Jagdwild. Das hat an Aktualität nichts eingebüßt, denn Männer können es immer noch nicht aushalten, wenn sie nicht eindeutig in Führung sind!

Was taten also unsere Großmütter in so einem Fall? Sie ließen ihr Spitzentaschentuch fallen, jawohl! Sie haben kein Spitzentaschentuch, nur ein benutztes Tempotaschentuch? Dann lassen Sie eben etwas anderes fallen: Ihre Jacke zum Beispiel oder Ihre Einkaufstüte. Wenn ihm die Eier und Tomatendosen um die Beine rollen, wird er Ihnen helfen, alles wieder einzusammeln, und schon können Sie sich mit einem Kaffee bei ihm bedanken. Er wird Ihnen nicht helfen beim

Einsammeln, sagen Sie? Er liest weiter seelenruhig seine Zeitung? Dann vergessen Sie ihn einfach, er war die falsche Sorte. Oder Sie waren zu dezent. Denken Sie an Barbara Streisand in dem Film «Is' was Doc?», das Weibchen in Perfektion. Sie richtet so viel Chaos an, dass er sie einfach zur Kenntnis nehmen MUSS!

Stellen wir uns nun vor, Sie hätten es geschafft. Er hat angebissen und trinkt mit Ihnen einen Kaffee. Sie unterhalten sich prächtig und er lädt Sie für den Abend zum Essen ein. Begeistert sagen Sie sofort zu, denn Sie haben das Gefühl, dass er der Mann fürs Leben werden könnte, oder wenigstens für ein paar Monate. Kurzum: Sie haben sich bereits verliebt, und da muss man das Eisen schmieden, solange es heiß ist.

Du liebe Zeit, schon wieder falsch! Selbstverständlich haben Sie heute schon etwas vor. Er braucht ja nicht zu erfahren, was. Überlassen Sie das seiner Phantasie und verraten Sie nicht, dass Sie heute eigentlich Ihre große Wäsche und den Hausputz machen wollten.

Geben Sie ihm also Ihre Telefonnummer und warten Sie auf seinen Anruf. Ich weiß, das klingt schrecklich und ist fast nicht durchzuhalten, aber es muss sein! Vor allem, wenn Sie den Mann fürs Leben suchen – und das tun Frauen eigentlich immer – und nicht einen Casanova für eine Nacht. Auch wenn Sie nun Tag und Nacht neben dem Telefon sitzen und es überallhin mitschleppen, auch aufs Klo: Sobald er sich meldet, sind Sie wieder ziemlich ausgebucht. Natürlich würden Sie für ihn sogar die legendäre Theateraufführung sausen lassen, für deren Karten Sie eine halbe

Nacht angestanden haben, aber sagen Sie ihm das um alles in der Welt nicht! Sie können frühestens am Freitag (heute ist Dienstag), vorher sind Sie leider, leider ständig belegt, erklären Sie ihm sehr freundlich, aber bedauernd. Das weckt seinen Jagdinstinkt unweigerlich, wenn er noch einen hat. Und davon gehe ich aus, wenn er eine *lohnende* Beute ist. Wenn nicht, ich sagte es bereits, ist er einfach die falsche Sorte.

Er muss den Eindruck haben, Sie sind die gefragteste Frau in Mitteleuropa, aber irgendwann hat er es endlich geschafft: Sie werden mit ihm ausgehen.

Natürlich wollen Sie so schön wie möglich aussehen. Ziehen Sie sich ruhig zwanzigmal um, verbringen Sie meinetwegen den ganzen Nachmittag im Bad und vor dem Spiegel, das schadet nichts, duften Sie von mir aus verführerisch, aber sehen sie am Schluss bloß nicht so aus, als hätten Sie sich ein neues Kleid gekauft und kämen direkt vom Friseur. Sie wirken vielmehr so, als hätten Sie nur Zeit gehabt, sich kurz durch die Haare zu fahren, die Lippen nachzuziehen und einen anderen Blazer umzuhängen. Sie sind schließlich dauernd gefragt und gewohnt auszugehen, täglich, wenn's sein muss!

Denken Sie daran: Alles muss den Anschein erwecken, als wäre es eine Verabredung wie viele andere. Sie sind reizend zu ihm, aber nicht leidenschaftlich. Er darf auf keinen Fall merken, dass Sie einer Ohnmacht nahe waren, als Sie sein Klingeln gehört haben.

Sein Lieblingsthema

Heute Abend sind Sie also zum ersten Mal mit ihm verabredet, und nach all den Hürden, die Sie virtuos aufgebaut hatten, lechzt er danach, Sie endlich zu sehen. Wenn Sie so weit gekommen sind, haben Sie bereits einen Meilenstein zurückgelegt.

Sie finden ihn einfach umwerfend, und das Herz schlägt Ihnen bis zum Halse, wenn Sie nur an ihn denken, aber er darf das auf keinen Fall merken. Fatalerweise büßt man mindestens fünfzig IQ-Punkte ein, wenn man verliebt ist, aber als echtes Weibchen dürfen Sie sich möglichst wenig den Verstand vernebeln lassen, zumindest zeigen Sie es nicht offen. Als echtes Weibchen gehen Sie raffiniert vor und planen kühl abwägend die weiteren Schritte.

Es geht zunächst um das, was Sie mit ihm reden werden. Sicher studieren Sie vorher einige Dialoge im Geiste ein. «Er wird fragen», überlegen Sie laut vor dem Spiegel, «was ich arbeite. Und vielleicht will er wissen», grübeln Sie weiter, «was mein Lieblingsessen ist und ob ich schon viele Freunde hatte. Vor allem meine Enttäuschung mit Helmut beim letzten Mal muss ich ihn wissen lassen!» Am liebsten würden Sie vor ihm sofort ihr ganzes Leben ausbreiten und ihm all Ihre Geheimnisse zu Füßen legen, wie Sie es vielleicht bei Ihrer besten Freundin gewohnt sind. «Alles soll er von mir erfahren und mich dann umso mehr lieben», denken Sie verzückt.

Wachen Sie auf! Sie werden natürlich nichts dergleichen tun. Stattdessen reden Sie möglichst wenig und lassen ihn reden. Nur wenn es sich zwanglos ergibt, können Sie ganz nebenbei einfließen lassen, dass Sie sich momentan noch nicht langfristig binden möchten, weil Sie erst Ihre Ausbildung abschließen und dann noch die Welt sehen wollen. Ansonsten sprechen Sie ausschließlich über sein Lieblingsthema: IHN! Während Sie ihm hauptsächlich aufmerksam lauschen, machen Sie ihm unmissverständlich schöne Augen. Spätestens beim Dessert wird er Sie für die umwerfendste und spannendste Gesprächspartnerin aller Zeiten halten und Sie unbedingt wieder sehen wollen.

Machen Sie sich rar

Männer jagen mit Leidenschaft, aber die Jagd macht einem Mann nur so lange Spaß, bis das Wild erlegt ist. Dann liegt es schlapp und tot vor dem Jäger, mit verdrehten Augen, und besitzt keinen Reiz mehr.

Sie haben den ersten Abend mit Ihrem neuen Schwarm verbracht, gelacht, gescherzt und geflirtet und sich fabelhaft verstanden. Was liegt nun näher, als hinterher zusammen ins Bett zu steigen? Das ist doch ganz normal heutzutage, nicht wahr?

Unsinn! Als echtes Weibchen sind Sie eine schwer zu fangende Beute, die nie ganz erlegt werden kann. Sie lassen ihn also zappeln, auch wenn Sie vor Lust fast umkommen, und spielen in Perfektion das «du hast mich fast, aber nicht ganz»-Spiel, auf das jeder Mann reinfällt. Dieses Spiel ist immer nützlich, aber am Anfang ist es unverzichtbar.

Sie müssen es ja nicht so weit treiben wie unsere Großmütter, die erst mit einem Mann ins Bett stiegen, wenn sie wenigstens einen Verlobungsring am Finger hatten – und selbst dann war es noch riskant. Aber ein bisschen können Sie sich hier schon abgucken. Leidenschaftliche Küsse gewähren Sie ihm zum Beispiel erst, nachdem er vor Begierde fast den Verstand verloren hat. Und so schnell verlieren Männer leider nicht den Verstand. Deshalb können Sie Leidenschaft nicht gleich am ersten Abend riskieren. Am ersten Abend gibt es höchstens einen flüchtigen Kuss unter der Haustür und dann ein fröhliches, viel versprechendes «auf Wiedersehen!».

Sie sehen, wie schwer es ist, zum echten Weibchen zu werden.

Wenn er der Richtige ist, wird er vielleicht unchristliche Flüche ausstoßen, sobald Sie die Tür geschlossen haben, aber bestimmt verliert er nicht das Interesse, das garantiere ich Ihnen.

Lebenslange Balz

Wetten, dass Sie gedacht haben, ein echtes Weibchen sei ein Muster an Hingabe, Treue, Unterwürfigkeit und Eindeutigkeit? Sie sagt ihrem Liebsten täglich, wie sehr sie ihn liebt und dass sie niemals einen anderen Mann auch nur von fern anschauen würde. Er darf keinen Moment an ihrer absoluten, auch geistigen, Treue zweifeln. Er soll sich ihrer immer hundertprozentig sicher sein.

Weit gefehlt! Jedes Weibchen auf der ganzen Welt weiß, dass es einen Königsweg zu seiner Leidenschaft gibt: Er muss lebenslang um sie kämpfen, denn sie gehört ihm nie ganz. Weiß der Kuckuck, warum Männer den Kampf so lieben, aber allen Umerziehungsversuchen zum Trotz: Sie tun es! Sie als Weibchen akzeptieren das und spielen damit.

Wenn Ihr Liebster Sie erst als so selbstverständlich zu ihm gehörig betrachtet wie seine Aktentasche und sein Auto, wird er Sie auch so behandeln: liebevoll, aber nicht allzu engagiert. Er betrachtet Sie nur noch mit gönnerhaftem Besitzerstolz und richtet nebenbei lüsterne Blicke auf andere Frauen. Lüsterne Blicke gehören nur Ihnen, damit das klar ist!

Männer, die Frauen als ihren Besitz betrachten, reagieren nur dann mit heftigen Emotionen, wenn dieser infrage gestellt wird. Und heftige Emotionen führen zu heftigem Begehren, jedenfalls meistens. Manche Männer werden auch gewalttätig, deshalb brauchen Sie hier ein bisschen Fingerspitzengefühl. Denken Sie also besser kurz nach, *bevor* er Ihnen die Nase zertrümmert. Da Sie ein perfektes Weibchen sind, spielen Sie ein vollkommenes, gekonntes Spiel und benutzen nur die Köder, bei denen Ihr Liebster anbeißt, aber nicht um sich schlägt.

Sie könnten zum Beispiel andeuten, dass es auch andere Männer gibt, die Sie begehren. Der Schulz aus dem Einkauf zum Beispiel macht Ihnen schon lange den Hof. Lassen Sie ruhig durchblicken, ohne es je deutlich auszusprechen, dass Ihnen das gefällt und dass Sie nicht ganz sicher sind, ob Sie nicht eventuell doch schwach werden könnten, unter bestimmten Voraussetzungen, wer weiß …

Egal wie Sie es anstellen: Er sollte Sie auf jeden Fall nie ganz durchschauen können. Kleine heiß-kalte Wechselbäder sind da durchaus angebracht. Sie deuten Leidenschaft nur an, um sie dann gelegentlich, unvorhersehbar, explodieren zu lassen, sodass er an diesem Ausbruch fast verbrennt. Tun Sie auf keinen Fall, was diese modernen Emanzen so gerne tun, nämlich sachlich, offen und direkt Tag und Stunde des Sex bestimmen. Für diese merkwürdigen Geschöpfe sind Geradlinigkeit, Offenheit und Zuverlässigkeit die wichtigsten Tugenden, Eifersuchts- und sonstige Taktiken sind ihnen verhasst. Sie als kluges Weibchen können differenzieren und wissen, wann es angebracht ist, geheimnisvoll zu bleiben. Sie machen höchstens missverständlich-zweideutige Andeutungen und klappern feurig mit den Wimpern.

Es wird ihn einige Nerven kosten, aber das macht nichts. Er soll sich ruhig ständig unruhig mit dem Gedanken tragen, dass Sie sich ihm entziehen oder sogar weglaufen könnten, das hält ihn beweglich. Es ist viel besser, *er* ist nervös, als Sie sind es, das müssen Sie zugeben.

Schwaches Weibchen, starker Held

Es gibt einen Spruch, der sehr gerne zu fortgeschrittener Stunde an männlichen Stammtischen erzählt wird. Fortschrittliche Frauen bekommen kalte Schlitzaugen, wenn sie ihn hören, aber Männer schlagen sich begeistert auf die Schenkel. Dieser Spruch beginnt mit der Frage: «Warum werden die Frauen seit Jahrtausenden unterdrückt?» Die Antwort lautet: «Weil es sich so bewährt hat!»

Aus der Sicht der Männer ist das eine sehr vernünftige Äußerung, denn schließlich weiß doch jeder, dass alle Probleme nur in die Welt kamen, weil die Frauen sich nicht mehr unterdrücken lassen wollten. Dieses ganze Gefasel von gleichberechtigter Partnerschaft, gleichen Chancen, gleicher Bezahlung bei gleicher Leistung und ähnlichem Schwachsinn ist für jeden wirklichen Mann ein rotes Tuch, das zwangsläufig den Keim für das absolute Chaos in sich trägt.

Ein richtiger Mann, merken Sie sich das, liebe Leserin, hat wahrscheinlich nach all den Jahrtausenden, in denen er unangefochten als der Stärkere galt, einen genetischen Defekt, der ihn dazu treibt, in Krisensituationen automatisch den Programmknopf «Überlegenheit» einzuschalten. Wenn seine Emotionen durchbrechen, hat der Verstand, der widerwillig auf Gleichberechtigung getrimmt wurde, keine Chance mehr. Anstatt die männliche Neigung sich aufzublasen zu bekämpfen, können Sie sie natürlich auch vorzüglich für Ihre Zwecke nutzen. Als Weibchen tun Sie einfach so, als ob Sie Ihrem Liebsten seine Pseudostärke glaubten. Sie bewundern seine trommelnden Fäuste auf seinem breiten Brustkasten. Die Wunder, die Sie damit bewirken, erfolgen so prompt und schnell, dass es schon fast peinlich ist.

Ich kenne eine Frau, die ist über fünfzig und hat seit dreißig Jahren einen Führerschein und ein Auto. Aber sie hat noch nie in ihrem Leben selbst den Luftdruck in den Reifen gemessen. Immer, wenn sie an einer Tankstelle steht, das Druckgerät in der Hand und einen hilflosen Ausdruck im Gesicht, kommt unweigerlich ein Mann gelaufen, nimmt ihr das Gerät aus der Hand und sagt gönnerhaft: «Ich mache das für Sie!», und schon hat er schwarze Schmiere unter den Nägeln und ein glückliches Lächeln auf den Lippen. Manchmal beschleunigt sie inzwischen den Vorgang etwas und wendet sich an den nächstbesten Kunden: «Ich schaffe das nicht! Könnten Sie mir netterweise zeigen, wie das geht?»

«Ich bin dafür zu klein, zu schwach, zu dumm, zu unwissend» sind weibliche Reizsätze, denen kein Mann widerstehen kann, und wenn er noch so schmächtig ist. Denken Sie daran: Sie machen einen Mann glücklich, wenn Sie für etwas zu schwach und klein sind! Sie wecken den Beschützer in ihm! Sie tun also ein gutes Werk! Deshalb nutzen Sie Ihr Weibchen-Potenzial und machen Sie sich einen schönen Lenz, bevor die Männer merken, dass sie ausgetrickst werden.

Emanzen müssen vorhersagbar und verlässlich sein. Das ist sehr anstrengend und sehr langweilig. Weibchen haben es da viel besser. Sie dürfen ihre Stimmung und ihre Meinung wechseln wie eine Verkehrsampel die Farben.

«Ich hätte Lust, heute Abend ins Kino zu gehen!», empfangen Sie ihn in der Tür.

«Wirklich?», seufzt er abgespannt.

«Ja, in den Liebesfilm, den Anna so empfohlen hat.»

Er hätte zwar lieber mit einem Bierchen vor dem Fernseher gesessen, aber da er weiß, dass Widerstand zwecklos ist, fügt er sich resignierend. «Also gut. Ich mache es mir nur etwas bequemer mit Jeans und einem Pulli.»

Während er sich umzieht, haben Sie mit Ihrer Freundin Kerstin telefoniert.

«Du, Kerstin und Sascha gehen heute Abend zum Griechen. Ich habe zugesagt, dass wir mitkommen.»

«Aber eben wolltest du doch noch in Annas Schmachtfetzen?!»

«Ja, aber Kerstin und Sascha haben wir schon lange nicht gesehen. Vielleicht kann ich sie auch überreden, dass wir statt zum Griechen lieber zu dem guten Italiener gehen. Da müsstest du dir allerdings wieder etwas anderes anziehen.»

Während er sich ein zweites Mal umzieht, telefonieren Sie erneut mit Kerstin.

«Weißt du, was? Kerstin und Sascha kennen Annas tollen Film auch noch nicht. Wir haben beschlossen, statt zum Italiener zusammen ins Kino zu gehen!»

Die Flüche, die Ihr Liebster nun ausstößt, während er sich zum dritten Mal umzieht, gebe ich lieber nicht wieder.

Dabei ist dieses Geplänkel noch harmlos, denn Sie haben ja nur ein paar Mal Ihre Meinung, aber nicht Ihre Stimmung gewechselt. Unvorhersagbare Stimmungen sind nämlich ein noch besseres Mittel, um einen Mann zu konditionieren. Wenn er nie weiß, woran er ist, haben Sie die besten Karten. Er beschäftigt sich dann viel mehr mit Ihnen und Ihrer Gefühlslage, als wenn Sie jedes Mal gleich reagieren würden. Wir kennen das aus der psychologischen Grundlagenforschung: Man kann Mäusen in einem Käfig beibringen, eine bestimmte Leistung zu vollbringen, zum Beispiel einen Hebel zu drücken, wenn danach ein paar Körnchen aus einer Klappe kullern. Wenn *immer* Körnchen kullern, ist der Lerneffekt lange nicht so nachhaltig, als wenn mal Körnchen kullern und mal nicht, in unregelmäßiger Abfolge. Dann drücken die Mäuse den Hebel wie verrückt.

Haben Sie verstanden? Wechseln Sie manchmal Ihre Stimmung von einer Minute zur anderen. Zuerst sind Sie die Sanftmut in Person. Doch dann sagt er: «Vergiss nicht, dass wir am Sonntag bei Mutter zum Mittagessen eingeladen sind», oder etwas ähnlich Belangloses. Das genügt. Ihr Liebreiz verschwindet schlagartig, Sie werden zur Tigerin, und er muss sich sehr anstrengen, um Sie wieder aufzuheitern, ohne zu wissen, was er angestellt hat.

Oder Sie wechseln Ihre Stimmung von Fall zu Fall. Er überrascht Sie mit Konzertkarten. Sie freuen sich wie toll, fallen ihm um den Hals und knutschen ihn ab. Wenn etwas so gut ankommt, schreit es nach Wiederholung. Beim nächsten Mal allerdings bleiben Sie freundlich, aber kühl. Sie möchten heute lieber nicht ins Konzert. Erklären Sie ihm nicht, warum, Sie haben ganz einfach keine Lust. Denn am wirkungsvollsten können Sie ihn anstacheln, wenn Sie keine Begründung für Ihre Ablehnung liefern.

Ihre Unvorhersagbarkeit hält ihn wachsam und lebendig. Sie brauchen sich keine Sorgen zu machen, dass er in seinen Bemühungen, Sie in gute Laune zu versetzen, nachlässt. Solange Sie ihm gelegentlich die Freude machen, seine Angebote überschwänglich anzunehmen, wird er in der Hoffnung auf ein paar kullernde Körnchen immer wieder versuchen, den Hebel zu drücken.

Weibchen sind schlau

Sie als Weibchen wissen über den unterschiedlichen IQ von Männern und Frauen sicher Bescheid. Es ist nämlich so: Männer sind doof und Frauen sind schlau. Deshalb kann jede Frau einen Mann mühelos austricksen. Kein Mann hat da eine Chance, vor allem deshalb, weil er glaubt, er sei der Schlauere.

Das Problem ist nur, dass Sie, geschätzte Leserin, wahrscheinlich noch nicht wissen, *wie* doof Männer wirklich sind. Sie haben sicher schon beobachtet, wie Ihre Freundin Claudia, die an jedem Finger zehn haben könnte, es anstellt, dass sie von Männern umschwirrt wird wie eine Kerze von den Motten; wie sie es schafft, dass ihr die Männer wie willige Sklaven jeden Wunsch von den Augen ablesen; wie sie sich aus jeder noch so unangenehmen Situation (die sie selbst verschuldet hat!) souverän herauswindet, ohne dass es ihr grundlegend übel genommen wird.

Geben Sie zu, dass Sie dabei schon oft gedacht haben: Warum lassen sich diese Einfaltspinsel das alles von Claudia gefallen? Männer müssen bekloppt sein!

Ich kann Ihnen verraten, wie Claudia es macht: Sie ist unheimlich nett zu dem Mann, den sie gerade ins Visier genommen hat. Jedenfalls am Anfang. Sie ist aufmerksam, interessiert an seinen Hobbys und sie kocht ihm sein Lieblingsgericht. Sie geht mit ihm zum Fußballspielen und fährt mit ihm Motorrad. Sie wird nie laut oder zickig. Sie schaut ihn schmachtend an. Sie ist immer zum Sex aufgelegt, wenn er Lust hat. Sie bewundert ihn rückhaltlos. Und zwar so lange, bis sie ihn fest am Bändel hat. Die Intelligenz des Mannes ist so beschaffen, dass er sich dann nicht mehr wehren kann. Dann kann sie alles mit ihm anstellen, was sie will.

Was können wir daraus lernen? Erstens: Männer sind einfach einzufangen, und zweitens: Wenn sie einmal im Netz zappeln, fehlt ihnen die Intelligenz, sich wieder daraus zu befreien.

Phantasien

Manche Frauen glauben, dass bereits das gedankliche Fremdgehen eine Sünde sei. Deshalb sind sie überzeugt, dass sie beim Sex nur und ausschließlich an ihren Liebsten denken dürfen, auch wenn das nach einiger Zeit ziemlich eintönig wird. Jedes geistige Abschweifen zu Brad Pitt oder Robert Redford ist ein eindeutiges und verwerfliches Signal, dass sie ihren Liebsten bald verlassen werden, und versetzt sie deshalb in Panik.

Echte Weibchen wissen, dass Abwechslung die Liebe beständig hält. Sie, verehrte Leserin, können jetzt ganz modern und trotzdem ein Weibchen sein, denn der neueste Schrei auf dem Gebiet des Sex ist die Entdeckung der Phantasie. Erlaubt ist alles, was gefällt, außer Fadheit. Fadheit ist sowieso das Einzige, was heutzutage nicht mehr erlaubt ist.

Wenn Sie beim Sex also lieber an Ihre beste Freundin, Ihren Nachbarn, den Briefträger oder an Ihren Schäferhund denken möchten als an Ihren Liebsten, der sich gerade mit Ihnen abmüht – bitte, tun Sie sich keinen Zwang an! Sie müssen nur aufpassen, dass Sie ihn nicht plötzlich aus Versehen «Hasso» nennen.

Doppelbelastung

Es ist ein Segen und von der Natur klug eingerichtet, dass es die Frauen sind, die den Spagat zwischen Küche, Kindern und Karriere bewältigen müssen, und nicht die Männer, denn die würden unter dieser Belastung glatt kollabieren. Das so genannte starke Geschlecht, gestresste Leserin, bedarf der Schonung und muss sehr sensibel gesteuert werden. Wenn Sie nicht wollen, dass er im Haushalt alles Ihnen überlässt, müssen Sie viel Nachsicht üben, denn anders als Sie lebt er immer dicht am nervlichen Zusammenbruch, wenn er über seine beruflichen Aufgaben hinaus gefordert wird.

Stellen Sie sich vor, Sie sind drei Tage nicht da und Ihr Liebster räumt in dieser Zeit freiwillig (!) – das heißt ohne vorherige dezente Hinweise oder gar dreifache direkte Aufforderung – die Waschmaschine ein und aus. Im Schlafzimmer stapeln sich einige Körbe sauberer Wäsche – das Einordnen der Teile in die Schränke hat seine Belastungsgrenze deutlich überschritten.

Machen Sie jetzt nicht den Fehler zu nörgeln, warum er diese so einfache Arbeit, die Sie sonst mit links erledigen, nicht fertig gestellt hat. Seien Sie nicht maßlos, denken Sie an sein labiles Nervenkostüm und seine begrenzte Stressresistenz. Betrachten Sie seinen Einsatz als viel versprechenden Anfang! Wenig ist schließlich besser als nichts. Zügeln Sie Ihre Ungeduld und erziehen Sie ihn langsam. Zeigen Sie heftige Begeisterung über sein freiwilliges Engagement. Loben Sie ihn ausführlich! Zollen Sie seinem selbstlosen Einsatz volle Anerkennung, denn sonst wird er nie wieder einen Handschlag tun, wenn Sie weg sind, geschweige denn, wenn Sie da sind.

Selbst wenn er seine blauen Joggingsocken zusammen mit Ihren weißen Blusen gewaschen hat und nun alle hellblau sind, kommt kein Hauch von Kritik über Ihre Lippen. «Das kann schließlich jedem mal passieren», sagen Sie nachsichtig, jedenfalls jedem Mann, fügen Sie in Gedanken hinzu, aber nur in Gedanken …

Emanzen kaufen Kleidungsstücke lieber mit der Freundin ein als mit ihrem Liebsten, denn sie haben einen eigenen Geschmack und ein eigenes Konto und wollen sich in nichts hineinreden lassen.

Echte Weibchen hingegen schleppen ihren Liebsten gerne mit, denn erstens wollen sie vorher wissen, ob das gekaufte Teil ihm auch gefällt, weil sie es sonst kein zweites Mal anziehen würden, und zweitens lassen sie ihn gerne zahlen.

Bevor Sie, liebe Leserin, sich mit ihm ins Gewühl stürzen, sollten Sie sich klarmachen, wie Ihr Liebster beschaffen ist, und Ihre Taktik darauf einstellen. Beim Einkaufsbummel gibt es nämlich verschiedene Sorten Männer, und die Übergänge sind fließend:

Der Muffel bleibt steif in einer Ecke des Geschäfts nahe beim Eingang stehen und starrt glasig ins Leere, in der Hoffnung, dass es schnell gehen möge. Wenn Sie, geplagte Leserin, nicht im ersten Geschäft sofort etwas finden, gleicht der Gesichtsausdruck des Muffels einer balinesischen Kriegermaske.

Der Überemsige sagt dagegen wie aus der Pistole geschossen: «Das steht dir toll, kauf es!» Er sagt es ohne Hinsehen und egal bei was, beim roten Pulli, beim gelben Kostüm, beim schwarzen, bodenlangen Mantel und beim neckisch geblümten Kleid, weil er, genau wie der Muffel, hofft, seine geheuchelte Begeisterung könnte den schmerzhaften Prozess verkürzen. Denn der Muffel und der Überemsige finden Einkaufen ähnlich erotisch wie eine Zahnwurzelbehandlung.

Der Geizhals hält jedes neue Teil ohnehin für überflüssig. «Meinst du nicht, wir sollten auch noch bei C&A vorbeischauen, bevor du dich entscheidest?», fragt er säuerlich und fügt vorwurfsvoll hinzu: «Dein Kleiderschrank ist sowieso randvoll! Und das graue Kostüm, das wir dir vor zwei Jahren gekauft haben, ist doch noch tadellos!»

Der Muffel, der Überemsige und der Geizhals brauchen gelegentlich ein Küsschen und einen flüchtigen Blick in ein Schaufenster mit Computerhardware oder Fotoapparaten. Dann sind sie wieder einsatzbereit.

Der Gründliche meldet bei jedem probierten Stück Zweifel an. «Hast du dir wirklich überlegt, ob das auch zu deiner braunen Hose passt?» – «Die Beleuchtung ist hier so merkwürdig!» – «Ich weiß wirklich nicht, ob dir das steht, bei deiner Gesichtsfarbe ...»

Der Qualitätsbewusste knetet und reibt den Stoff zwischen den Fingern, als wollte er ihn pulverisieren. Er lässt nicht locker, bis Sie das stinkfade, zeitlose Kostüm gekauft haben, das Sie nun Ihr Leben lang tragen müssen, weil das gute Stück sündteuer war, aus tollem Material ist und nie schäbig werden wird.

Als hundertprozentige Eva haben Sie die Aufgabe, Ihren Liebsten zu trainieren, und zwar in Ihrem Sinne. Wenn Mode Ihnen wichtig ist, muss auch er lernen, sich damit zu beschäftigen. Der Gründliche und der Qualitätsbewusste nehmen sich zwar mehr Zeit als die anderen drei Unlust-Typen, aber sie laufen in die falsche Richtung. Mode ist ein Spiel, das muss er begreifen. Schließlich treiben Sie den ganzen Aufwand doch hauptsächlich für ihn, nicht wahr!?

Stellen Sie sich also vor, dass Sie gemeinsam bereits drei Geschäfte für Damenoberbekleidung aufgesucht haben, aber bisher hat Ihnen nichts so recht gefallen. Er zeigt heftige Ermüdungserscheinungen und ist in die Muffelphase verfallen. Versprechen Sie ihm einfach: «Nur noch zu Mode-Meier, da finde ich immer etwas!» Seinen aufflackernden Überlebensmut nutzen Sie für drei weitere Geschäfte, die möglichst nah beieinander liegen, denn dann können Sie noch weitere zwei Geschäfte anschließen, die sich abseits der gängigen Piste befinden, bis er Drohungen auszustoßen beginnt oder gleich den Generalstreik ausruft. Immerhin haben Sie mit diesem Bleiklotz am Bein acht Läden geschafft! Super Leistung!

Machen Sie ihm übrigens klar, dass Sie mehr hören wollen als ein geheucheltes «Toll!!!», wenn Sie ihm ein weiteres Stück vorführen. Und zwar auch dann, wenn er kurz vor einer Nervenkrise steht. Er soll nicht zu allem unterschiedslos ja und amen sagen, nur um erlöst zu werden, sondern er muss lernen, seinen Geschmack zu verfeinern, zu differenzieren und die besondere Kragenform zu loben oder die wunderbare Schnittlösung. Deshalb bleiben Sie unbedingt und auf jeden Fall stur, übersehen Sie sein demonstratives Leiden, sein nervöses Zittern und seinen irren Fluchtblick. Fordern Sie sein männliches Durchhaltevermögen! Geben Sie erst auf, wenn er wirklich nicht mehr kann und erschöpft neben der Kasse zusammenbricht. Wenn Sie ihn erst einmal so weit gebracht haben, können Sie ihm deutliche Vorhaltungen machen, dass er sich nur für sich interessiert und wieder mal nicht einen einzigen Gedanken und kein bisschen Energie an die Dinge verschwendet, die Ihnen wichtig sind, der Egoist!

Und bedenken Sie: Je geschwächter er ist, umso bereitwilliger wird er die Kreditkarte zücken und die Rechnung bezahlen.

Reden zu jeder Uhrzeit

Es gibt ein todsicheres Mittel, einen Mann zu zermürben und ihn dadurch willig und gefügig zu machen. Jedes echte Weibchen beherrscht es: Reden um des Redens willen. Beklagen Sie sich, stellen Sie rhetorische Fragen, regen Sie sich auf! Es kommt nur darauf an, dass Sie viele, viele Worte benutzen, und nicht darauf, ob eine Lösung Ihres Problems in Sicht oder überhaupt möglich ist.

Sie wissen ja, wie Männer sind: Kaum erwähnt man ein Problem, zählen sie einem mindestens drei Lösungen auf. Wenn man die nicht akzeptiert, sondern weiter über das Problem reden will, am liebsten den ganzen Abend, wird er erst ungeduldig und dann sauer und wendet sich einer anderen Beschäftigung zu. Das Ganze dauert etwa fünf Minuten.

Zwingen Sie ihn dazu, zuzuhören, bevorzugt um halb drei Uhr früh. Sie können beispielsweise nicht schlafen, weil Sie sich Gedanken über Ihre Einladung am Samstagabend machen. Sie *brauchen* ihn, jetzt gleich, und haben ein Recht auf sein Ohr – schließlich sind es auch *seine* Freunde. Bohren Sie ihm einen Finger in den Rücken:

«Soll ich am Samstag lieber die Speckröllchen als Vorspeise machen oder den Mozzarella mit Tomaten? Mozzarella mit Tomaten hatten wir letztes Mal schon, und da waren Schulzes auch da. Das geht also nicht.»

«Waas??», röchelt er im Halbschlaf.

«Am Samstag. Speckröllchen oder Mozzarella?», wiederholen Sie geduldig Ihre Frage.

«Mach Speckröllchen!», grunzt er und dreht sich wieder zur Seite.

«Aber Klara isst keine Speckröllchen, wegen der Linie», fällt Ihnen ein, und Sie ziehen heftig an ihm, bis er sich wieder zu Ihnen herumdreht.

«Wie wär's mit einem Salat mit Sonnenblumenkernen?», überlegen Sie aufs Neue. «Vielleicht mit etwas Mais dazu? Oder doch lieber ein heißes Süppchen, weil es ja ziemlich kalt ist im Moment?»

«Mach ein Süppchen», murmelt er schlaftrunken und versucht, aus der Reichweite Ihres Armes zu rutschen.

«Das ist aber langweilig! Katrin hat letztes Mal diese exotische Thai-Vorspeise gemacht, da kann ich ja nicht mit einem Süppchen kommen!»

«Dann mach eben auch was Exotisches», krächzt Ihr Liebster in sein Kopfkissen und versucht leise zu schnarchen.

Sie heben Ihre Stimme: «Aber die Spaghetti, die ich als Hauptgericht geplant hatte, passen *überhaupt nicht* zu exotischem Thai-Zeug, das geht also auch nicht. He, hörst du überhaupt zu?»

Sein leises Schnarchen verstummt, und er knarrt: «Mir ist es scheißegal, was du als Vorspeise machst! Lass mich jetzt endlich schlafen. Ich habe morgen einen harten Tag!»

«Dir ist es also egal! Das ist mal wieder typisch für dich! Alles muss ich alleine überlegen in diesem Haus!»

Vielleicht gelingt Ihnen an dieser Stelle sogar ein kleines Schluchzen.

«Ich wollte schon lange mal mit dir darüber reden, dass ich mich so allein gelassen fühle», schnüffeln Sie, «aber du redest ja nicht mit mir!» Ihr Schnüffeln geht in unterdrücktes, aber deutlich hörbares Weinen über.

Wenn Sie an diesem Punkt angekommen sind, weiß er, dass er keine Chance hat, die nächsten zwei Stunden ein Auge voll Schlaf zu bekommen.

«Muss das denn wirklich um halb drei Uhr früh sein?», stöhnt er vielleicht noch in einem letzten Abwehrversuch, aber Sie wissen, dass Sie gewonnen haben.

Je bedeutender Männer sind, umso mehr wollen sie gebraucht werden. Geben Sie Ihrem Liebsten das Gefühl, dass Sie ohne ihn verloren wären.

Er hat eine Sekretärin? Umso besser. Diese Frau kann ungeheuer viel für Sie erledigen. Zum Beispiel soll sie Ihren Friseurtermin für nächsten Samstag festmachen, die Konzertkarten reservieren lassen und am besten gleich selbst abholen, den Blumenstrauß für Meiers aussuchen, wobei sie die Preise bitte im Auge behalten sollte, das Festmenü für den Geburtstag Ihres Liebsten zusammenstellen und bei dem neuen indischen Laden die exotischen Zutaten besorgen. Außerdem hätten Sie da noch ein paar Anfragen bezüglich der Urlaubsreise nach Tunesien im nächsten Jahr. Sie soll doch bitte die billigsten und besten Flugverbindungen herausfinden und die Flüge buchen, falls sie Ihnen zusagen. Sekretärinnen sind wirklich ein Segen! Und Ihr Liebster wird sich richtig wichtig fühlen, weil er Ihnen indirekt so hilfreiche Dienste leisten kann!

Auch wenn Ihr Mann keine Sekretärin hat, und sogar wenn er zu Hause arbeitet, können Sie ihm das Gefühl geben, nützlich zu sein. Sparen Sie sich einen privaten Telefonanschluss. Das dauernde Besetztzeichen wegen der stundenlangen Telefonate mit Ihrer Freundin Kirsten auf dem Geschäftstelefon machen jedem potentiellen Anrufer klar, wie gefragt Ihr Mann ist! Auch das Faxgerät Ihres Liebsten ist sehr praktisch, um Ihre persönliche Korrespondenz zu erledigen. Spannen Sie ihn dabei ruhig mit ein, damit er sich noch nützlicher fühlen kann. Vielleicht könnten Sie ihn bitten, Ihnen beim Tippen Ihrer privaten Briefe zu helfen, da Sie nicht so gut mit dem Computer umgehen können. Je mehr Sie ihn mit Ihren Angelegenheiten beschäftigen, desto weniger kommt er auf dumme Gedanken, weil er gar keine Zeit mehr dafür hat.

Sie haben dafür umso mehr Zeit, denn alles Lästige delegieren Sie getrost an ihn. Dazu gehört auch der Umgang mit Banken, Versicherungen, Ämtern. Das ist nichts für Sie! Neulich sprach ich mit einer älteren Dame, die ziemlich verzweifelt war, weil sie nicht wusste, wie man mit der Scheckkarte am Automaten Geld abhebt, wie man einen Dauerauftrag einrichtet, wie man eine Lebensversicherung abruft, wie man dem ruppigen Hauswirt einen Brief schreibt, ganz zu schweigen davon, wie man eine eingehende E-Mail öffnet oder gar verschickt. Ihr Gatte war gestorben, und sie war völlig hilflos, denn er hatte ihr immer alles abgenommen, seinem kleinen, rührenden, süßen Schätzchen.

Wenn Ihnen einmal Ihr Liebster abhanden kommt – er muss ja nicht gleich ins Gras beißen, es reicht auch, wenn er sich wegen Überlastung aus dem Staub macht –, brauchen Sie nicht zu verzweifeln wie besagte ältere Dame, denn es gibt natürlich eine Lösung für dieses Problem: Der nächste Mann, der Ihnen alles abnimmt, muss her, und zwar so schnell wie möglich! Ich bin sicher, Sie werden ihn finden, denn Männer wollen gebraucht werden.

Sobald sie nicht mehr weiter wusste, pflegte meine Urgroßmutter zu drohen, sie werde unverzüglich aus dem Fenster springen, wenn ihr Gatte nicht sofort bereit sei, genau das zu tun, was sie wollte. Nach einiger Zeit nahm natürlich niemand mehr diese Drohung ernst, schon gar nicht der Gatte, der daraufhin fröhlich nur noch das tat, was er wollte.

Ich habe da etwas Besseres für Sie, eine Drohung, die Sie gefahrlos wahr machen können, denn aus dem Fenster kann man im Allgemeinen nur einmal springen: Drohen Sie Ihrem Liebsten, ihn zu verlassen. Wenn er Sie wirklich liebt – das heißt, wenn er an regelmäßige warme Mahlzeiten und regelmäßigen Sex gewöhnt ist –, ist das ein schwerer Schock für ihn. Sie packen also von Zeit zu Zeit Hals über Kopf Ihre Siebensachen und ziehen zu Ihrer Freundin oder, wenn es gar nicht anders geht, auch zu Ihrer Mutter. Das ist immer noch besser, als Ihren unerträglichen Liebsten noch eine Stunde länger auszuhalten.

Nun muss er Sie erst finden und dann flehen und betteln, dass Sie wiederkommen sollen, weil er ohne Sie nicht leben kann. Er muss halbe Nächte unter Ihrem Fenster ausharren, Rosen deponieren, Sie mit Anrufen bombardieren, so wie man das aus einem guten Hollywoodfilm kennt. Vor lauter Verzweiflung wächst ihm ein Dreitagebart, sein Äußeres zerknittert, er magert ab. Kurz bevor er auf die Idee kommt, sich wieder zu pflegen und zu rasieren, entscheiden Sie großmütig, zu ihm zurückzukehren. Die Versöhnung ist grandios und in der Folgezeit liest er Ihnen alle Wünsche von den Augen ab. Nach einer Weile erschlafft sein Elan, und es wird Zeit, dass Sie wieder mit Trennung drohen.

Auch diese Methode unterliegt leider einem gewissen Verschleiß und sollte nicht zu oft eingesetzt werden. Nach circa drei- bis viermal verliert sie im Allgemeinen ihre Wirksamkeit. Wenn Sie Pech haben, wimmert Ihr Liebster dann nicht mehr unter Ihrem Fenster, sondern atmet erleichtert auf und zieht umgehend zu seiner Freundin, die er während der letzten Trennung kennen gelernt hat.

Es ist ein wissenschaftlich belegtes Faktum, dass *alle* Frauen versorgt werden möchten. Heutzutage wird ja jede Regung und jede Verhaltensweise mit der genetischen Ausrüstung erklärt. Angeblich stammt der Wunsch nach dem Versorgtwerden noch aus unserer fernen Vergangenheit, in der Gorgo, der Höhlenmensch, als Ernährer und Beschützer nach außen fungierte und seine Hilfskraft Gorgina für die heimische Gemütlichkeit und Geborgenheit am mütterlichen Herd und Busen zuständig war.
Eines der schönsten Privilegien des modernen Weibchens ist die Tatsache, dass sie ganz ungeniert offenbaren darf, wie *gerne* sie versorgt wird. Sie hat keinerlei Ehrgeiz, für sich und ihren Unterhalt selbst aufzukommen.

Die Sehnsucht nach einem potenten Versorger für sich und ihr Kind schlummert auch noch in den Emanzen, aber sie dürfen es nicht zugeben. Doch halt: Kürzlich war ich bei einer Zusammenkunft von mehreren Powerfrauen im besten Alter, die alle im Beruf ihren Mann stehen. Sie zogen ihre Kinder allein auf, entweder weil sie deren Vater vor langer Zeit in die Wüste geschickt hatten oder weil sie die Aufzucht gleich ganz ohne Vater bewerkstelligen wollten. Und was war das Hauptthema dieser Runde? Der Verlust der eigenen Weiblichkeit! Die Trauer um die reine Mütterlichkeit, wenn man Vater und Mutter in einem sein muss! Das verschwundene Glück, sich ganz und gar als Frau fühlen und verhalten zu dürfen! Die Gemeinheit, dass man niemand hat, der einem das Männliche im Leben abnimmt. Und so ging es stundenlang weiter, ohne jegliche Scheu! Man war ja unter sich.

Da staunen Sie, verehrtes Weibchen, nicht wahr? Welch ein schönes Gefühl, sich als Frau der Zukunft fühlen zu dürfen! Wie es eben so oft geht im Leben: Die angeblich hoffnungslos veralteten Modelle von gestern sind der letzte Schrei von morgen.

Entdecken Sie die Emanze in sich

Stellt euch vor: Ich habe einen Mann gefunden, der auch über seine Gefühle reden kann!
...und jetzt hört er nicht mehr damit auf! Stimmt's?!
P. GAY

Die Emanze ist bei fast allen Menschen unbeliebt, bei den Männern ebenso wie bei den Frauen. Das ist sehr ungerecht, denn bei der Emanze handelt es sich um die Spezies der absoluten Idealistin. Sie ist besser als alle anderen, wenn nicht gar perfekt, und will auch für andere Menschen nur das Beste, nämlich Freiheit, Gleichheit und Brüderlichkeit zwischen den Geschlechtern. Mann und Frau sollen sich so ähnlich werden, dass man kaum noch einen Unterschied wahrnehmen kann, das heißt, eigentlich sollen die Männer all ihr männliches Gebaren ersatzlos streichen, und alle, alle Menschen werden zu besseren Frauen. Deshalb passt die Emanze so gut zum Softie, der das gleiche Ziel hat.

Wie alle Idealisten neigt die Emanze zum Fanatismus. Bei den militanten «Schwanz ab!»-Emanzen ist das unmittelbar einsichtig (obwohl sie sich mit dieser Forderung auf lange Sicht ins eigene Fleisch schneiden!), aber auch gemäßigtere Emanzen stellen ihre Ideale über alle Bedürfnisse des Alltags. Gefühle, die auf typisch weibliche oder typisch männliche Reaktionen hindeuten, sind verdammenswert und müssen eliminiert werden. Über Bord mit allem Altmodischen, über Bord auch mit dessen angenehmeren Seiten, wie blumigen Komplimenten, aufgehaltenen Türen und anderen Kavaliersdelikten. Sie sind zu verdammen, denn frau weiß ja, dass sie sowieso nur Mittel zum Zweck sind, um das *Eine* zu erreichen.

Die Emanzen dieser Welt blicken in eine leuchtende Zukunft, wo es keine unterschiedlichen Gefühle von Mann und Frau, keine unterschiedliche Bezahlung und keine Potenzprobleme mehr gibt. Noch sind leider nicht alle Menschen so kühn im Denken. Unsere Beispiele zeigen, wie leicht man in alte Muster zurückfallen kann. Deshalb: Lassen Sie sich nicht beirren, fortschrittliche Leserin, bleiben Sie standhaft und Ihren Idealen treu!

Gehen Sie aufs Ganze!

Wenn Ihnen bewusst ist, welchen Mann Sie *nicht* wollen – nämlich den Steinzeitmenschen –, können Sie sich auf das Wesentliche konzentrieren. Sobald Sie ein lohnendes männliches Subjekt gesichtet haben, gehen Sie unverzüglich zum Generalangriff über.

Sie stehen zum Beispiel mit einer Freundin in Ihrem Lieblingslokal am Tresen. Da betritt er den Raum. Sie bekommen weiche Knie und haben nur noch ein Ziel: Den oder keinen! Leider nimmt er Sie nicht zur Kenntnis, sondern schaut sich nur prüfend nach einem freien Platz um und macht Anstalten, sich an einen Tisch in der anderen Ecke des Raumes zu setzen.

Altmodische Weibchen nehmen ihr Glas in die Hand und schlendern langsam und wie absichtslos in seine Richtung, als ob sie jemanden suchen würden. Neben seinem Tisch lassen sie ihr Glas fallen. Wenn er ihnen hilft, die Scherben aufzusammeln, entschuldigen sie sich errötend und gehen dann schnurstracks wieder an die Bar zurück. Sie lassen etwas Zeit verstreichen und schauen dann hin und wieder (nicht zu oft und nicht zu lang) mit gekonnt gedehntem Augenaufschlag in seine Richtung. Das aktiviert seine Steinzeitgene und das Jagdfieber wird ihn befallen!

Das geht natürlich nicht! Erinnern Sie sich: Ab sofort jagen *Sie,* nicht er, und zwar ganz offen und gezielt! Sie gehen also unverzüglich zu ihm hinüber, setzen sich unaufgefordert zu ihm und bestellen für beide einen Drink Ihrer Wahl. Dann weiß er von Anfang an, mit wem er es zu tun hat.

Das zeigt echte Unabhängigkeit von überkommenen Regeln und wird wunderbare Potenzstörungen bei ihm auslösen.

Sie gehen eines Tages ganz harmlos aus dem Haus und PENG! treffen Sie jemanden, der Ihnen Schmetterlinge im Bauch verursacht. Es ist ja nicht so, dass Sie Ihren Liebsten, der zu Hause auf Sie wartet, verlassen wollen, das nicht!, aber die tägliche Hausmannskost wird mit der Zeit etwas eintönig – wer mag schon jeden Tag Spaghetti mit Tomatensoße? Abwechslung wird unsere eingefahrene Beziehung beleben, sagen Sie sich, und stürzen sich in ein Abenteuer.

Natürlich passiert es auch, dass aus der flüchtigen Affäre ein wirkliches Problem wird, weil sich mindestens eine/r der Beteiligten so hoffnungslos verliebt, dass bald totales Tohuwabohu herrscht und am Ende alle schluchzend auseinander laufen. Aber häufig macht die Affäre einfach Spaß, und dann ist sie vorbei und könnte kommentarlos ad acta gelegt werden. Sie haben sich wieder für Ihren Liebsten entschieden und sind momentan glücklich vereint Seite an Seite, bis zum nächsten Mal.

Es gibt altmodische Frauen mit einer völlig indiskutablen Einstellung: Sie glauben, dass man das schwierige Gleichgewicht zwischen den Geschlechtern nicht mit unnötigem Ballast beschweren sollte. Sie glauben auch, dass Geständnisse zwar die eigene Seele entlasten, aber für die männliche Psyche ein Graus sind. Selbst wenn er seine Liebste ganz nebenbei fragt, während er sein Frühstücksei aufschlägt, ob sie jemals fremdgegangen sei, sagt sie sanft: «Nein! Natürlich nicht! Warum sollte ich auch, wo du doch so ein toller

Typ bist! Bitte gib mir mal die Butter rüber», und dabei blickt sie ihm, ohne rot zu werden, direkt ins Auge.

Für Sie als emanzipierte Frau kommt Schwindeln, um den Liebsten zu schonen, überhaupt nicht infrage. In einer modernen Partnerschaft geht es nicht mehr anders: Absolute Offenheit ist angesagt. Sie erzählen ihm daher ungefragt die ganze Affäre von A bis Z mit allen Einzelheiten. Dann werden Sie sich wunderbar entlastet fühlen! Endlich keine Unwahrheiten mehr zwischen Ihnen, die Luft ist so sauber wie nach einem reinigenden Gewitter. Es macht nichts, wenn er zutiefst verletzt ist. Männer sollten endlich lernen, dass ihnen ihre Partnerin nicht gehört, sie müssen reifen und altes Besitzdenken überwinden, jawohl!

Vermutlich ist Ihr Liebster aber noch nicht reif genug. Wahrscheinlich will er unbedingt wissen, wer dieser andere war. Und wann? Und wie lange? Und wieso? Und ist das auch wirklich beendet? Und was war an ihm besser als an mir?

Werden Sie ruhig ausführlich, würzen Sie Ihr Geständnis mit Details. Erzählen Sie ihm, wie toll Ihr Seitensprung im Bett war. Auch wenn Ihr Liebster kurzfristig nach Luft schnappt: Wahre Liebe zeigt sich erst, wenn *alles* verziehen wird. Also bitte, hier ist *die* Gelegenheit dazu!

Auf diese Weise reden Sie endlich einmal wieder richtig ausgiebig miteinander, und zwar mindestens die nächsten Wochen oder sogar Monate über dasselbe Thema. Dann hört die Fragerei meistens auf und tödliches Schweigen macht sich zwischen Ihnen breit.

Vielleicht allerdings verlässt Ihr Liebster nach

Ihrem ehrlichen Geständnis auch umgehend das gemeinsame Bett, schläft ab sofort im Wohnzimmer auf der Couch, spricht die nächsten Wochen kein Wort mehr mit Ihnen und vertraut Ihnen in alle Ewigkeit keine Minute mehr. Damit zeigt er Steinzeitverhalten, vergessen wir es! Spätestens jetzt ist es höchste Zeit für die nächste belebende Affäre.

« Liebst du mich? »

Passen Sie auf, worum Sie zum lieben Gott beten, es könnte in Erfüllung gehen!

Sie wünschen sich so sehr, dass Ihr Liebster zu Ihnen sagt: « Ich liebe dich! » Und zwar am besten täglich, oder wenigstens zwei- bis dreimal die Woche. Stattdessen müssen Sie um diesen Satz mit dem berühmten L-Wort betteln und flehen, um ihn wenigstens alle paar Monate, später sogar alle paar Jahre einmal zu hören, denn je länger Sie mit Ihrem Liebsten zusammen sind, desto seltener wird dieser kostbare Satz.

Ihre Gebete werden immer flehentlicher und Ihre Vorgehensweise immer vorsichtiger. So fragen Sie zum Beispiel möglichst beiläufig, während Sie das Abendessen vorbereiten und er am Fernseher ein Fußballspiel verfolgt: « Liebst du mich eigentlich noch? » Wahrscheinlich wird er zurückrufen: « Mann, war das eben ein Pass! – Was hast du gesagt? »

Das ist zwar unbefriedigend, aber immer noch besser als die normale Rüpelreaktion: « Sei still und stör mich jetzt nicht! Wann ist das Abendessen fertig? »

Nur wenn Sie großes Glück haben, brummt er ungeduldig: « Natürlich liebe ich dich! »

Fragen Sie daraufhin besser nicht nach. Wenn Sie nämlich wissen wollen: « Warum sagst du es mir dann nie? », antwortet er womöglich: « Wie oft denn noch?!? Ich habe es dir doch zu Beginn unserer Beziehung bereits gesagt! Wenn sich etwas ändern sollte, werde ich es dir mitteilen. Und jetzt habe ich Hunger. »

Er ahnt natürlich nicht, dass Sie gerade davon träumen, er möge den Fernseher abschalten, zu Ihnen in die Küche kommen, Sie zärtlich in den Nacken küssen und murmeln: «Ich liebe dich mehr als mein Fußballspiel!» Das wäre ein echter Liebesbeweis.

Träumen Sie ruhig weiter. Vielleicht werden Ihre Gebete ja wirklich erhört. Plötzlich sagt Ihr Liebster morgens, mittags und abends mit treuem Hundeblick: «Ich liebe dich!», bringt ständig unaufgefordert Blumen mit, fragt Sie dauernd um Ihre Meinung und fordert niemals Sex, sondern bittet unterwürfig darum. Spätestens nach einem Monat fangen Sie an, für den Schwarzenegger-Typ im anderen Häuserblock zu schwärmen, der so schön brutal aussieht und wahrscheinlich seine Liebste einfach packt, ohne sie zu fragen, ob sie gerade in Stimmung ist. Der sagt «Ich liebe dich» bestimmt nicht zu oft, der tut es einfach ungefragt. Ein richtiger männlicher Mann ist der! Ihren Liebsten hingegen, der so devote, weichliche Züge angenommen hat, wischen Sie verächtlich beiseite, wie eine lästige Fliege. «Ja, ja, ich weiß, du liebst mich. Und vergiss nicht wieder, nachher den Müll runterzutragen.»

Passen Sie also auf, worum Sie beten.

Sorgen Sie für seine Verfeinerung

In einem bestimmten Alter, so zwischen sechzehn und sechsundachtzig, denken alle Frauen ausschließlich an den Nestbau. Gewiss, sie engagieren sich im Beruf, als Ärztin, Verkäuferin oder Computerfachfrau, aber insgeheim sammeln sie Ästchen und Klümpchen, um ihr Nest schön kuschelig zu machen. Die fortschrittliche Frau tut das auch, wenn sie allein lebt, nur für sich, sogar ohne den Hintergedanken, dass sie ein Nest für ihren Traumprinzen vorbereiten könnte. Wenn der Traumprinz allerdings leibhaftig auftauchen sollte, wird alles außer dem Nestbau zweitrangig.

Und da liegt das Problem. Haben Sie, liebe Leserin, schon einmal bemerkt, dass Ihnen die Ausgestaltung Ihrer Wohnung weit wichtiger ist als Ihrem Liebsten? Wenn es Ihnen bisher entgangen ist, dann gehen Sie einmal unangekündigt in eine Junggesellenbude.

Es gibt da zwei Sorten: die Minimalisten und die Chaoten.

Die Minimalisten sind so spartanisch eingerichtet, dass Sie den ganzen Abend stehen müssen, wenn Sie nicht auf seiner Bettkante sitzen wollen. Denn außer Bett, Schrank, Tisch und einem einzigen Stuhl herrscht gähnende Leere und sterile Sauberkeit. Kein Bild, kein unnötiger Nippeskram lenken das Auge ab.

Ganz anders ist es bei den Chaoten: Sollten diese Herren keine wirklich gute Putzhilfe haben, die möglichst täglich für Ordnung und Sauberkeit sorgt, sind sie in Gefahr, in hingeschlampten Kleidungsstücken, Zeitschriften und Wollmäusen zu ersticken. Aber in einem sind beide gleich: Sie basteln viel lieber an ihrer Karriere als an einem schönen Blumengesteck für den Wohnzimmertisch.

Doch jetzt wohnt er bei Ihnen, oder Sie bei ihm. Sie werden nun nicht mehr übersehen können, dass er fürs Häusliche, so wie Sie es verstehen, wenig Sinn hat. Selbst der zwanghafte Pingel, der Ihnen das Leben zur Hölle macht, weil er mit dem Finger prüfend unter dem Sofa entlangwischt, legt nur Wert auf porentiefe Sauberkeit, nicht auf ein trautes, gemütliches Heim. Er denkt gar nicht daran, mitgebrachte Salate fürs Abendessen aus den Plastikpötten in Glasschüsselchen zu füllen und Wurst und Käse auf einen Teller zu drapieren, er legt das lieber umstandslos wie gekauft auf den Tisch. Oder er mampft es bereits in der Küche aus dem Papier.

Vom eigentlichen Nestbau, der Ausgestaltung des Babyzimmers, wollen wir gar nicht erst reden. Das sieht er als Ihre ureigenste Angelegenheit an, bei der er sich höchstens kostenmäßig beteiligt, wenn er glaubt, ein verantwortungsbewusster Vater zu sein, und wenn es unbedingt sein muss. Es ist höchst gefährlich, ihn mitzunehmen, wenn Sie für Ihren kleinen Goldschatz Gardinen, Teppiche und Tapeten, Bettchen und Babywäsche aussuchen. Wenn Sie Ihrem Liebsten freie Fahrt lassen, wird er in den einschlägigen Geschäften auf den nächstbesten, grell gemusterten Vorhang lossteuern und ihn umgehend einpacken lassen, um es schnell hinter sich zu bringen – wozu viel Zeit mit so unnützen Kram verschwenden? Es kommt ihm keine Sekunde in den Sinn, welche psychischen Traumen er in der sensiblen Babyseele mit solch entsetzlichen Farben auslösen kann!

Hier besteht Handlungsbedarf. Sie wollen doch einen Mann, der sich nicht nur mit den Aktienkursen, sondern auch mit den schönen Dingen des Lebens befasst. Sie meinen damit allerdings nicht Champagner, gute Zigarren und schwarze Strapse, sondern sensible Farben, ein freundliches Ambiente, frische Schnittblumen, Kerzen und Stoffservietten auf dem Tisch und so weiter und so weiter – Sie wissen schon, was ich meine! Aber er weiß es nicht. Also müssen Sie ihn anleiten.

Schleppen Sie ihn am Wochenende in Kunstgalerien, vor die Schaufenster teurer Porzellangeschäfte und zum Teppichhändler, wo Sie sich zweihundert Orientteppiche von einem Haufen auf den anderen schichten lassen, um ihm das exquisite Farbenspiel dieser Kunstwerke nahe zu bringen. Sie brauchen nichts zu kaufen, auch wenn Scharen von Verkäufern mit nervösen Erschöpfungszuständen Ihren Weg pflastern.

Machen Sie ihn darauf aufmerksam, dass seine Socken nicht zum Hemd passen, und zwingen Sie ihn, sich morgens nochmal umzuziehen, wenn er wieder danebengegriffen hat. Bestehen Sie darauf, dass immer vom perfekt gedeckten Tisch gegessen wird – ausnahmslos –, und er muss ihn decken, um zu üben. Dulden Sie keine Ausrutscher und geben Sie nicht auf. Irgendwann wird er bestimmt zum Ästheten – der Lohn Ihrer Mühen zeigt sich spätestens bei seiner nächsten, jüngeren Liebsten, die er dann mit seinem sensiblen Kunstverstand und erlesenen Geschmack schwer beeindrucken kann.

Wartung und Pflege

Es ist für eine fortschrittliche Frau kaum zu fassen, wie wenig perfekt Männer sind. Vor allem solche, die noch nie mit einer anderen Frau (außer ihrer Mami) zusammengelebt haben. Ich rede jetzt nicht mehr vom Kunstverstand, vom ästhetischen Auge. Ich rede von den Mühen, einen anständigen Menschen aus ihm zu machen. Sobald Sie ihn irgendwo aufgelesen haben, beginnt die harte Arbeit an seiner Person. Sie müssen ihn gewissermaßen waschen und bügeln, so eine Art Wartung, Ölwechsel und Pflegedienst, ohne den er völlig verrotten würde.

Sie als Frau mit gewissen Ansprüchen haben die Wahl, wo Sie ansetzen wollen: Manche Männer gehören zu der Sorte, die Socken und Unterhosen einmal wöchentlich wechseln, ob es nötig ist oder nicht. Schon das *Wort* «Deo» erregt bei ihnen Anstoß.

Andere suchen nach ihren inneren Werten und glauben, sie müssten sich selbst verwirklichen. Das heißt, sie probieren allerlei Jobs aus, aber keiner passt wirklich zu ihrer tiefgründigen Seele. In den Pausen zwischen zwei Jobs brauchen sie viel seelische Unterstützung, während sie übellaunig zu Hause herumlungern und sich durch die Fernsehprogramme zappen.

Wieder andere studieren ewig, weil sie Angst vor den Prüfungen haben, während Sie, die geplagte Partnerin, hoffnungsfroh die Miete und die Mahlzeiten bezahlen. Sie investieren in ein schwarzes Loch, ohne etwas zurückzuerhalten, denn es versteht sich von selbst, dass es allen diesen Exemplaren nie in den Sinn kommt, sich auch nur ein einziges Mal nach Ihren Problemen zu erkundigen oder sich gar damit zu befassen. Seine Not ist die einzige, die zählt!

Manche trinken auch zu viel, und dann ist es Ihre Aufgabe, montags, wenn Ihr Liebster stöhnend und übel riechend mal wieder nicht aus dem Bett kommt, im Büro anzurufen und die vierte Großmutter sterben zu lassen, deren Beerdigung auch noch gleich heute stattfindet.

Dies ist nur eine kleine Auswahl der Aufgaben, die auf Sie warten. Jeder Mann hat da so seine speziellen Ecken und Kanten, die abgeschliffen werden müssen. Von seinem Geschmack ganz zu schweigen. Wenn Sie nicht aufpassen, kauft er sich seine Hosen zu lang oder zu kurz und das Jackett in schmutzigem Kotzgrün, weil der Verkäufer gesagt hat, dass man das jetzt so trägt und er auch so eins zu Hause hat.

Vielleicht gelingt es Ihnen, mit aufopferungsvollem Einsatz aus Ihrem Liebsten ein kleines Schmuckstück zu machen. Er wird dann auch für andere Frauen sehr viel interessanter, und eines Morgens, beim Frühstück, wird er Ihnen eröffnen, dass er sich in eine andere Frau verliebt hat und heute ausziehen wird. Das gibt Ihnen die Möglichkeit, sich nach einem neuen, unfertigen Exemplar umzuschauen, dem Sie Ihre ganze Kraft widmen können. Wenn Sie ausdauernd genug sind, können Sie es leicht auf vier bis sechs «Rohlinge» bringen, die Sie zur vollen Blüte entfalten. Dann haben Sie in der Regel keine Kraft mehr und beschränken sich auf gute Freundinnen. Die müssen nicht poliert werden.

Eins ist jedoch sicher: Jede Ihrer Nachfolgerinnen wird Ihnen sehr dankbar dafür sein, dass Sie ihr so viel Arbeit abgenommen haben.

Nenne mir deine Freunde, und ich sage dir, wer du bist

Man soll die Freunde seines Liebsten akzeptieren und mögen. Und keinesfalls kritisieren oder schlecht machen. Das steht in jedem Ratgeber für die harmonische Partnerschaft. Aber ich frage Sie, gebildete Leserin: Wie kann man tatenlos zuschauen, wenn sich alte Kumpels treffen? Da muss man einfach eingreifen, um zu verhindern, dass diese Höhlenmenschen auf ihr steinzeitliches Niveau herabsinken.

Wenn Sie sich mit Ihrer Freundin treffen, haben Sie unendlichen Gesprächsstoff auf hohem Niveau. Meist reden Sie beide ohne Punkt und Komma, auch gleichzeitig, und hüpfen von einem Thema zum nächsten:

«Stell dir vor, wen ich getroffen habe! Die Katrin. Die war doch regelrecht verschollen!»

«Du, die habe ich neulich auch gesehen. Weiß der Teufel, wo die sich im letzten halben Jahr herumgetrieben hat. Und die hatte ein Kleid an, einfach unglaublich. Aus so einem weichen Stoff, genau wie die Dings neulich, du weißt doch, die mit den roten Haaren.»

«Ach ja, ich weiß, wen du meinst. Die geht übrigens zu einem neuen Friseur in der Kantstraße, der soll ganz toll sein, obwohl ich ja finde, es gibt keinen Friseur, bei dem ich nicht einen Nervenzusammenbruch bekomme, sobald ich zu Hause in den Spiegel schaue.»

«Genau, mir geht es auch so. Friseurbesuche sind noch schlimmer als Zahnarzt.»

«Ich habe jetzt einen neuen. Der kann auch Zähne implantieren, toll, sage ich dir!»

Und so weiter. Gespräche dieser Art sind spontan und vielseitig und man erfährt eine Menge, zum Beispiel die Adresse eines guten Zahnarztes. Männer macht so etwas wahnsinnig!

Im Gegensatz dazu sind Männerfreundschaften wirklich merkwürdig und für Frauen kaum zu begreifen. Wenn Ihr Liebster sich mit seinem Freund Paul trifft, den er noch aus der Schulzeit kennt und seit zwei Jahren nicht gesehen hat, gehen die beiden unter Umständen einen halben Tag spazieren, und wenn Sie nachher Ihren Liebsten fragen, was Paul denn so erzählt hat aus seinem Leben, sagt er: «Och, nichts.» Und das Schlimmste ist, es stimmt! Die haben tatsächlich fast nichts gesprochen, jedenfalls nichts, was wirklich wissenswert wäre.

Mit dieser rätselhaften Sprachlosigkeit zwischen alten Kumpels könnten Sie zur Not ja leben. Wenn Ihr Liebster sich aber mit Paul in einer Kneipe trifft und dann womöglich noch der alte Freund Norbert dazukommt, dann überschreitet die Kommunikation dieser drei niederen Lebensformen das Maß des Erträglichen. Erst mal reden sie fast nichts, sondern hauen sich nur kräftig auf die Schultern und sagen höchstens zur Begrüßung Unsäglichkeiten wie: «Na, wie hängen sie bei dir heute?» Gott weiß, was sie damit meinen! Das Ziel solcher Zusammenkünfte scheint vor allem darin zu liegen, möglichst viele Biere zu vernichten, unterbrochen durch gelegentliche knappe Anmerkungen über so unwichtiges Zeug wie ihr neues Auto, Fußball oder die Unfähigkeit der Politiker. Oder, noch schlimmer, sie machen dumme

Witze über ihre jeweiligen «Weiber». Zwischendurch kommentieren sie die körperlichen Merkmale der anwesenden Frauen:

«Hey, boah, hast du die Titten gesehen!»

«Aber das ist noch gar nichts, schau dir mal ihren Arsch an!»

Kurzum, es gibt ein ehernes Gesetz: In Kneipen werden Männer unter sich in null Komma nichts zum ungehobelten Viehzeug.

Hier müssen Sie einschreiten. Für Sie, fortschrittliche Leserin, ist der Gedanke einfach inakzeptabel, dass Ihr Liebster, in dessen Verfeinerung Sie schon so viel Zeit und Energie gesteckt haben, ohne Sie auf das Niveau einer Dumpfbacke herabsinkt. Daran sind fraglos seine Freunde schuld, deren Geistesbildung so niedrig ist, dass der Pegelstand nur noch unterirdisch gemessen werden kann. Wenn er dagegen mit Ihnen zusammen ist, benimmt sich Ihr Liebster inzwischen meistens erträglicher. Daher ist der einzig zulässige Schluss: Die Kumpels sind schuld!

Lassen Sie also keine Gelegenheit ungenutzt, um ihm klarzumachen, wie sehr Sie seine Neandertaler-Freunde verachten. Er möchte sich mit Paul und Norbert «nur auf ein Bier» treffen?

«Ich verstehe gar nicht, was du an denen findest», pressen Sie spitz zwischen den Zähnen hervor. «Du könntest dir doch wirklich Freunde mit mehr Niveau suchen. Aber wahrscheinlich merkst du gar nicht, wie unmöglich die beiden sind.»

«Die beiden sind in Ordnung!», wagt Ihr Liebster vielleicht einzuwenden.

Holen Sie jetzt zum Tiefschlag aus: «Wenn du das wirklich glaubst, lässt das natürlich Rückschlüsse auf *dein* Niveau zu!»

Lassen Sie nicht nach, machen Sie weiter, wo seine Mutter aufgehört hat, die bis zu seinem achtzehnten Lebensjahr vergeblich versuchte, ihn von diesen Flegeln fern zu halten und ihm die braven Buben schmackhaft zu machen. Feilen Sie bis zu Ihrer und seiner totalen Erschöpfung an seinem richtigen Umgang, auch wenn er weiter das tut, was er schon von Kindesbeinen an getan hat: Er trifft sich heimlich mit Paul und Norbert, nach dem Motto: «Ignoriere die Frauen und tu, was dir Spaß macht!»

Seine Kronjuwelen

«Diamonds are a girl's best friend», singt Marilyn. Auch Männer mögen Juwelen, allerdings von einer ganz anderen Sorte.

Wussten Sie, verehrte Leserin, dass Männer ihren wertvollsten Körperteil als ihre «Kronjuwelen» bezeichnen und diese über alles lieben? Und weil ihre Kronjuwelen von so unschätzbarer Bedeutung für sie sind, glauben die Männer fest daran, dass auch für ihre Liebste das Wichtigste ein großer, langer, dicker Penis sei, je größer, länger und dicker, desto besser.

Die meisten Frauen haben keine Ahnung von diesem Wahn. Und wenn sie es wüssten, würden sie in schallendes Gelächter ausbrechen. Von dem bisschen Haut und Knorpel hängt das gesamte Selbstbewusstsein ihres Liebsten ab??? Jawohl, liebe Leserin, so ist es.

Wenn Sie eine altmodische, erfahrene Frau sind, wissen Sie, was zu tun ist: Sie schonen das zarte männliche Ego. Sie haben zum Beispiel mit einem neuen Auserwählten sehr schön zu Abend gegessen, bei Kerzenlicht und romantischer Musik. Zu später Stunde landen Sie im Schlafzimmer und müssen feststellen, dass sein wertvollster Körperteil zur Gattung der Hoffnungsträger gehört, das heißt, man kann nur hoffen, dass er noch wächst. Trotzdem sagen Sie begeistert: «Wow! Du bist der schönste und prächtigste Mann, den ich je gesehen habe!»

Das ist natürlich völlig unzeitgemäß! Das Allerletzte! Und es macht die Sache nicht besser, dass Männer solche faustdicken Lügen unbesehen glauben und zur vollen Form – im wahrsten Wortsinn – auflaufen.

Moderne, aufgeklärte Frauen wissen nämlich, dass es höchste Zeit ist, Männer von ihren vorsintflutlichen Vorstellungen und Instinkten zu befreien. Das männliche Ego ist umfangreich genug und muss höchstens gestählt und abgehärtet und keinesfalls verzärtelt, aufgebaut und geschont werden. Man darf ihn doch nicht ewig im Dunkeln lassen! Enttäuschung ist Enttäuschung und muss gezeigt werden!

Spielen Sie sein Spiel also nicht mit, liebe Leserin, sondern bringen Sie ihm bei, dass Sie ihn wegen seines Humors und Geistes schätzen und nicht wegen der unbedeutenden Klunker zwischen seinen Beinen. Beim nächsten Liebesspiel könnten Sie zum Beispiel auf seine Kronjuwelen zeigen und kichernd sagen: «Sieht aus wie ein Penis, nur kleiner!»

Wenn Ihr Liebster wirklich Humor hat, wird er solche Bemerkungen locker wegstecken. Und wenn er keinen hat, kommt er vielleicht zu der deprimierenden Einsicht, dass er völlig wertlos ist und nur noch eine Transplantation ihn retten kann. Dann ist es sowieso nicht schade um ihn, denn auf einen depressiven Waschlappen können Sie locker verzichten.

Wie mache ich ihn zum besseren Liebhaber?

Sie sind schon sehr lange mit demselben Mann zusammen. Ihr Liebesspiel ist inzwischen ebenso aufregend wie das Zähneputzen am Morgen, nur kürzer. Nach einem ausführlichen Gespräch mit Ihrer Freundin sind Sie fest entschlossen, das zu ändern. Aber wie sollen Sie es ihm beibringen?

Sie wissen vermutlich: Männer sind felsenfest davon überzeugt, dass sie instinktiv wissen, was Frauen im Bett gefällt. Jede Frau weiß hingegen, dass die meisten Männer ziemlich wenig darüber wissen, was Frauen im Bett gefällt. Das beginnt schon beim Vorspiel. Beim normalen Durchschnittsmann besteht es aus genau vier Worten: «Schatz, bist du wach?»

Männer sind eben gradlinig und ziemlich einfallslos. Sie glauben, dass ein gekonntes Liebesspiel im Wesentlichen einer ausgefeilten gymnastischen Übung ähnelt, bei der man außer Atem geraten sollte, während man tierische Laute von sich gibt. Im Laufe ihres Lebens eignen sie sich dann ein paar Griffe an, und wenn diese *einmal* funktioniert haben, wenden sie sie unverdrossen *immer wieder* an. Sobald jeder Griff sitzt, spulen sie ihr Repertoire ab, ganz gleich, bei welcher Partnerin, lassen ihren Orgasmus laufen und sind hoch zufrieden. Hinterher fragen sie: «War es für dich genauso schön wie für mich?», drehen sich um, ohne die Antwort abzuwarten, und verfallen in einen komatösen Tiefschlaf.

So geht es natürlich nicht. Ihr Liebster muss lernen, sich komplett auf Sie einzustellen. Mechanische Griffkombinationen kommen selbstredend nicht infrage, sondern es geht darum, dass er Ihnen ein wunderbares Lusterlebnis verschafft, das jedes Mal neu und persönlich für Sie komponiert wird, und dass er gleichzeitig darauf achtet, dass die Orgasmusgerechtigkeit gewahrt bleibt, nach dem Motto: Hast du einen Orgasmus, will ich auch einen haben – und er ist für Ihren mitverantwortlich. Deshalb ist es am sinnvollsten, wenn Sie eine Liste verfassen, die alles beinhaltet, was er tun und lassen soll. Eine genaue Gebrauchsanweisung für jeden Griff, inklusive exakter Zeitangabe. Diese Liste muss er jedes Mal abarbeiten, wenn Sie Lust auf Sex haben. Legen Sie sie ihm vor, wenn er müde von einem langen Arbeitstag nach Hause kommt, dann hat er zum Widerstand keine Kraft mehr. Falls Sie ihn gut erzogen haben, wird er versuchen, sein Bestes zu geben, und wenn er danach erschöpft zusammenklappt, können Sie in Ruhe darüber nachdenken, warum es Ihnen wieder so wenig Spaß gemacht hat.

Aber falls Ihr Liebster noch nicht richtig gut abgerichtet ist, wird er vermutlich bereits im Vorfeld streiken. Dummerweise sind Männer nämlich mimosenhaft empfindlich, wenn man ihnen heiße Tipps geben will. Also müssten Sie eigentlich auf die indirekte Methode ausweichen, obwohl diese natürlich für fortschrittliche Frauen einen Rückschritt darstellt. Bei der indirekten Methode drehen Sie sich nach einem unbefriedigenden Liebesspiel muffig und wortlos von ihm weg. Wenn Sie Glück haben, dämmert ihm dann, was er für eine Niete war, und Sie können ein paar aufklärende Worte anhängen. Wenn Sie Pech haben, dämmert ihm aber gar nichts, weil er sich ebenfalls sofort umgedreht hat und bereits anfängt, selig zu schnarchen.

Dann bleibt Ihnen nur noch die Methode, die von gut gemeinten Ratgebern verfochten wird und vollständig in die Weibchen-Ecke gehört: Sie machen sich besonders hübsch, bereiten ein schönes Abendessen zu, sorgen für entspannte Atmosphäre und köpfen eine Flasche Champagner. Ihre Unterwäsche ist neu und aus schwarzer Seide, und Sie begrüßen ihn mit einem leidenschaftlichen Kuss an der Tür. Das kann klappen, wenn Ihnen die Sterne gewogen sind. Wenn nicht, hat Ihr Liebster Zahnschmerzen oder eine Fußballübertragung läuft im Fernsehen. In diesem Fall interessieren ihn leider weder heiße Küsse noch schwarze Seidenunterwäsche.

Jetzt wissen Sie, warum so viele Frauen fremdgehen: Sie hoffen immer noch auf den einen Mann unter Tausenden, der einfach ohne Instruktionen und Überlistungen weiß, was er wann zu tun hat!

Bedingungslose Liebe

Haben Sie sich schon mal überlegt, verehrte Leserin, warum in Deutschland jährlich über eine Million Männer in den Puff gehen, aber nur ganz wenige Frauen sich einen Strichjungen mieten? Ihr Nachbar, der brave, unauffällige Angestellte bei der Stadt, tut es ebenso wie der coole Porschefahrer, der jeden Morgen mit aufjaulendem Motor über das Rasenstück auf der anderen Straßenseite prescht und eine Spur der Verwüstung zurücklässt, nur weil sein Porsche keinen Rückwärtsgang hat. Warum gibt es käufliche Liebe, warum tun die Männer das?

Aus Gründen, die in der Steinzeit wurzeln, brauchen Männer neben der rein physiologischen Abreaktion ebenso regelmäßig eine Bestätigung, dass sie wirklich richtige Männer sind, das heißt, dass ihr wertvollster Körperteil etwas darstellt und noch einwandfrei funktioniert. Und wo funktioniert er am einwandfreiesten? Dort, wo keine Forderungen gestellt werden, die über ein paar hingeblätterte Mark hinausgehen. Eine Nutte fragt nicht: «Liebst du mich noch?», oder: «Wie fühlst du dich?», oder: «Warum bist du heute so kühl?», und solche Sachen, und es interessiert sie einen Dreck, ob ihr Freier vorzeitig ejakuliert und ob «Er» zu klein ist. Eine Nutte stellt keine Ansprüche, wo er wie hinfassen muss, und sie zieht keine voreiligen Schlussfolgerungen, wenn er keinen hochkriegt, das heißt, sie argwöhnt nicht, dass er eine Freundin hat und sie betrügt. Das alles ist ihr schnurzegal – Hauptsache die Kohle stimmt.

Soll das etwa heißen, dass Frauen keine selbstsüchtigen Forderungen im Bett stellen dürfen, wenn sie nicht riskieren wollen, dass aus seinen Kronjuwelen ein mickriges Kieselsteinchen wird? Ja, wo und wann leben wir denn? Moderne Frauen sind doch nicht Angehörige eines orientalischen Harems, dessen Bewohnerinnen nur ein Lebensziel haben: ihren Pascha beim Liebesspiel glücklich zu machen. Das vorherrschende Ziel der modernen Frau ist es, *selber* glücklich zu werden, und ihr Liebster muss sich ganz schön ranhalten, um das hinzukriegen.

Wenn er es allerdings je schaffen sollte, geschätzte Leserin, Sie vollständig glücklich zu machen, wird er es – typisch Mann – nicht Ihrer Liebesfähigkeit, sondern seiner überwältigenden Manneskraft zuschreiben. Also: Wenn Ihr Liebster seine Lieblingsfrage stellt: «War es für dich genauso schön wie für mich?», dann zeigen Sie niemals unterwürfig uneingeschränkte Begeisterung. Sie als emanzipierte, gleichberechtigte Frau sagen bestenfalls «Ja, aber ...» und fügen ein paar heiße Tipps für das nächste Mal hinzu, denn Sie wissen ja, wie phantasielos Männer sind. Gelegentlich sollten Sie auch das «Ja» ganz weglassen und nur «aber» sagen, das hält ihn auf Trab, und er strengt sich wirklich jedes Mal an, Sie glücklich zu machen. Sie wissen ja, dass es gut ist für Sie beide, und wenn er Sie wirklich liebt, liegt ihm Ihr Glück genauso oder noch mehr am Herzen wie sein eigenes.

Endlich mal eine Domäne, in der die Frauen es besser haben als die Männer. Frauen können immer und überall, und wenn sie mal nicht können, können sie immer noch so tun als ob. Männer können oder können nicht, Täuschung gibt es nicht.

Doch halt, es naht Hilfe für die Männer: Viagra emanzipiert sie von der Anerkennung und den aufbauenden Äußerungen der Frauen. Plötzlich können sie – wie die Frauen auch – immer und überall, egal in welchem Alter und mit wem! Sie werden an ihrer empfindlichsten Stelle frei und unabhängig.

Welcher Einbruch für die Damenwelt! Die einschlägigen Magazine für Frauen brechen in Geheul aus: Viagra zerstört das Gefühl! Viagra bedeutet das Aus für Zärtlichkeit und Rücksichtnahme!! Männer werden sich die Potenz-Automatik-Pille holen und sich keine Gedanken mehr machen, ob ihre Liebste etwas davon hatte, weil es ihnen ab sofort egal sein kann und ihnen deshalb auch völlig egal ist, denn jeder weiß doch, dass Männer von Natur aus rücksichtslos und egoistisch sind!! Der Geschlechtsakt wird degradiert zur reinen Triebabfuhr für Männer!!! Sie brauchen die Frauen nicht mehr!!!! Wie entsetzlich!

Dagegen müssen Sie sofort etwas unternehmen. Jetzt, wo Sie wissen, dass Männer von Natur aus weder zärtlich noch rücksichtsvoll sind und Ihnen Ihr wertvollster Hebel – Ihre aufmunternde Begeisterung beziehungsweise Ihre destruktive Verachtung für seine Potenz – genommen wurde, müssen Sie den Mann an

Ihrer Seite eben mit anderen Mitteln in die Knie zwingen.

Es gibt Gott sei Dank noch andere Hebel. Die schönste Potenz macht nämlich allein nur halb so viel Spaß. Es bietet sich daher an, sich ihm möglichst häufig und möglichst mürrisch zu verweigern. Wehren Sie ihn ab wie eine lästige Fliege. Wenn er sich Ihnen das nächste Mal lustvoll nähert, weisen Sie ihn kühl darauf hin, dass Sie trotz seiner teuer eingekauften Dauererektion keinesfalls in dauernder Bereitschaft seien. Lassen Sie sich nicht stören in Ihrer spannenden Lektüre oder dem interessanten Fernsehspiel. Alles zu seiner Zeit, und die bestimmen Sie!

Sie tragen damit vielleicht dazu bei, dass auch er ins Lager der mehr als eine Million Männer jährlich überläuft, die eine Nutte aufsuchen, aber das ist nur ein neuerlicher Beweis seiner archaischen Rückständigkeit und bedarf keiner weiteren Beachtung.

Wenn sie jemandem imponieren wollen, richten sich Menschenaffenmännchen zu ihrer vollen Größe auf, stellen ihre zehn Zentimeter langen Rückenhaare in die Höhe und vergrößern ihren Umriss auf diese Weise mühelos um zwei bis drei Konfektionsgrößen. Menschliche Männer haben im Allgemeinen, bis auf ganz wenige Ausnahmen, keine zehn Zentimeter langen Rückenhaare mehr. Sie benötigen daher andere Hilfsmittel zur Umrissvergrößerung. Irgendetwas Dickes, Großes, eine dicke Zigarre zum Beispiel, ein dickes Motorrad, ein dickes Einkommen oder alles zusammen.

Aber wer, so frage ich Sie, verehrte Leserin, will schon mit einem Menschenaffen im Maßanzug liiert sein? Sie bestimmt nicht! Lassen Sie sich nicht beeindrucken von seinen Versuchen, imponierend zu wirken. Machen Sie ihn zum Menschen, bändigen sie ihn.

Ein guter Ansatzpunkt ist das Geld. Ihr Liebster versucht zwar sein Bestes, aber sein Bestes ist noch lange nicht gut genug! Sein monatliches Einkommen reicht hinten und vorne nicht. Eines Tages kommt er stolz nach Hause: Sein Chef hat ihm heute eine Gehaltserhöhung versprochen. Natürlich erwartet er Applaus von Ihnen und hofft, dass Sie endlich stolz auf ihn sind und Ruhe geben. Tun Sie ihm den Gefallen nicht! Er muss lernen, von sich aus zu imponieren, als Mensch, ohne gesträubte Rückenhaare. Nicht Geld imponiert Ihnen, obwohl Sie ständig dessen Fehlen bemängeln, sondern geistige Größe. Schauen Sie also höchstens flüchtig vom Salatschneiden hoch, schnauben Sie verächtlich durch die Nase und sagen Sie herablassend: «Es wurde ja auch Zeit, dass endlich etwas Kohle ins Haus kommt. Schulzes von nebenan fahren bereits seit zwei Jahren einen Kombi für fünfundfünfzigtausend Mark und wir immer noch unseren uralten Golf. Aber für ein neues Auto wird dein mickriges Einkommen sicher immer noch nicht reichen. Soll das ewig so bleiben? Du hättest deinem Chef sagen müssen, dass du auf sein Almosen pfeifst. Du hättest auch kündigen können! Kannst du dich nicht wehren? Und jetzt deck doch bitte den Tisch, wir sind schon spät dran.»

Versuchen Sie, Frau der Zukunft, die Situation einmal zu sehen, wie der normale Durchschnittsmann es insgeheim tut: Der Haushalt ist die ureigenste weibliche Domäne, und wenn die Frau in der Küche steht, nennt man das «artgerechte Haltung». Jeder Handgriff, den ein Mann hier tut, ist eine Einmischung in innere Angelegenheiten, deshalb lässt man ihn besser gleich bleiben. Aber wie ich schon sagte: Der normale Durchschnittsmann denkt das nur insgeheim, denn es ist heutzutage nicht mehr opportun, solche Dinge laut zu sagen.

Peter ist ein ganz normaler Durchschnittsmann. Er unterstützt seine Frau Anne. Er hilft ihr, wo er kann, sagt er. Das sieht dann so aus: Wenn er abends aus dem Büro kommt und das Haus betritt, greift er zum Staubsauger, bevor er noch seinen Mantel ausgezogen hat. Da liegen ja lauter Krümel im Eingangsbereich! Das letzte Mal, als Anne und Peter sich richtig heftig in der Wolle hatten, schrie Anne, die das Gefühl hat, dass sie den ganzen Tag hinter den zwei Kindern und dem Hund herräumt, sie sei seine Art, Hilfeleistungen mit einem stillen Vorwurf zu verbinden, endgültig leid. Peter war kalt getroffen. Das war also der Dank für seinen selbstlosen Einsatz!

«Gut», schrie er zurück, «wenn du es so willst, rühre ich eben keinen Finger mehr im Haushalt. Ich bin schließlich derjenige, der sich Tag für Tag den Rücken krumm schuftet, um die drei Bleigewichte, die ich am Hals habe – nein vier, ich habe den Hund vergessen –, über die Runden zu bringen, während du dir einen schönen Lenz machst. Aber bitte, du willst es offenbar nicht anders!»

Daraufhin zogen sich beide schmollend zurück und sprachen eine Woche nur das Nötigste miteinander. Inzwischen saugt Peter wieder, wenn er nach Hause kommt.

Frauen, die ihre Ruhe haben wollen und ihrem Mann gegenüber weibchenhafte, mütterliche Überlegenheit fühlen, nutzen Situationen wie diese. Sie lassen ihn saugen, wann und wo er will, und um ihm seine Nützlichkeit noch deutlicher vor Augen zu führen, geben sie den lieben Kleinen Zwieback und Kekse zu knabbern, kurz bevor Papi das Haus betritt. Damit ist er in das Familienleben integriert, sobald er die Tür aufgesperrt hat. Natürlich vergessen sie auch nicht, ihn ausführlich für seinen Einsatz zu loben.

Sie aber sind selbstbewusst. Ihnen geht es ums Prinzip! Deshalb müssen Sie kämpfen. Sie lassen sich die Zügel nicht aus der Hand nehmen. Gesaugt wird, wann, wo und wie Sie es für richtig halten. «Tu wenigstens einmal am Tag etwas Nützliches!», sagen Sie giftig, sobald er abends das Haus betritt, und bevor er zum Staubsauger greifen kann, drücken Sie ihm die Kinder in die Hand und verschwinden mit Ihrer Freundin ins Kino. Er hatte tagsüber seinen Spaß, jetzt wollen Sie Ihren haben. Es schadet auch nicht, wenn Sie ihm das ausdrücklich so mitteilen.

Versorgen Sie ihn großzügig mit Geld

Diese albernen Spielchen zur Über- und Unterlegenheit von Männern oder Frauen gehören nun wirklich der Vergangenheit an. Mal ist der eine, mal der andere überlegen, wie es sich eben ergibt zwischen gleichberechtigten Partnern. Sie müssen sich also keine Gedanken mehr darüber machen, ob Ihr Liebster sich Ihnen unterlegen fühlen könnte. Eventuelle Empfindlichkeiten von seiner Seite sind damit, dem Himmel sei Dank, gegenstandslos geworden.

Es kann ja durchaus sein, dass Sie mehr verdienen als er. Zeigen Sie es ihm voller Stolz, so wie früher die Männer ganz offen herumgeprotzt haben, dass sie sich eine nicht arbeitende Gattin leisten können. «Meine Frau muss nicht Geld verdienen gehen. Sie kümmert sich nur um mich, das Haus und die Kinder. In dieser Reihenfolge», brachten sie großmäulig zur Kenntnis. Das war die Zeit, als es in den meisten Restaurants noch die «Speisekarte für die Dame» gab, bei der alle angebotenen Gerichte ohne Preisangabe aufgeführt waren, damit die Gnädigste unvoreingenommen aussuchen konnte, was ihr Herz begehrte. Das heißt: Er war selbstredend derjenige, der verdiente und zahlte.

Ich kenne eine Frau, die viel mehr Geld hat als ihr Mann. Sie ist richtig reich und verwaltet professionell ihren Besitz. Er ist Lehrer. Meistens tut sie so, als sei sie von ihm abhängig, und er genießt das. Aber neulich hat sie ihm zum Geburtstag eine schwere BMW-Maschine geschenkt, ein Gerät, das er sich sehnlichst wünschte, aber niemals hätte leisten können. Und was tut dieser undankbare Mistkerl? Er freut sich nicht darüber, er benutzt es kaum, er ist muffig und eingeschnappt!

Da sind Sie geistig viel weiter, fortschrittliche Leserin. Sie drücken Ihrem Liebsten ohne Scheu am Samstag ein paar Hundertmarkscheine in die Hand und verkünden fröhlich: «Ich habe heute leider noch zu arbeiten. Geh inzwischen ruhig in die Stadt und kauf dir was Schönes!» Das stellt doch endlich das wirkliche Gleichgewicht zwischen den Geschlechtern her. Wenn er Ihnen das Geld vor die Füße wirft, dann werfen Sie ihn aus dem Haus.

Uli Keuler, ein schwäbischer Kabarettist, hat es einmal auf den Punkt gebracht: Seine Freundin Geli möchte, dass er mehr im Haushalt hilft, und er ist willig und bereit, sich einzusetzen und das Geschirr zu spülen, aber «muss es denn noch in diesem Winter sein?»

Napoleon konnte angeblich zwei Dinge auf einmal machen. Zwei Dinge, dass ich nicht lache! Jede Frau, die mit einem Mann und womöglich noch mit Kindern gesegnet ist, kann mühelos mindestens drei bis vier Dinge auf einmal erledigen. Wenn sie nicht in der Lage wäre, besser zu sein als Napoleon, würde sie ihr Tagespensum niemals schaffen. Während sie telefoniert, räumt sie die Spülmaschine aus, füttert nebenbei die Katze und lässt einen Handwerker ins Haus, der nach der Heizung sehen will, wobei sie ihm mit Gesten zeigt, wohin er gehen muss. Gleichzeitig hat sie noch ein Auge auf die Milch auf dem Herd. Frauen sind eben von Natur aus vielseitig, fleißig und hassen Zeitverschwendung.

Männer hingegen lieben es gemütlich. Sie sind faul und wollen die Dinge mit möglichst wenig Energieaufwand erledigen. Ihr Lieblingssatz heißt: «Ja, gleich ...», vor allem, wenn ihnen die aufgetragene Aufgabe nicht hundertprozentig Spaß macht. Und die Hausarbeit, die einem Mann hundertprozentig Spaß macht, muss erst noch erfunden werden. Versuchen Sie einmal, Ihren Liebsten dazu zu bewegen, die leeren Flaschen zum Container hinunterzutragen. «Ja, gleich!», ruft er aus dem Wohnzimmer. Vielleicht fügt er noch hinzu: «Ich kann gerade nicht, weil die Katze auf meinem Schoß sitzt» oder «weil mir gerade die Füße eingeschlafen sind.»

Das leuchtet ein. Mit eingeschlafenen Füßen kann man unmöglich zum Flaschencontainer gehen. Deshalb müssen Sie etwas tun, damit die Füße und der ganze Mann endlich aufwachen. Wenn er in der Lage ist, gleichzeitig Kaugummi zu kauen und spazieren zu gehen (da fühlt er sich schon fast wie Napoleon), dann sollte er auf Ihre Aufforderung wenigstens *eine* Sache machen können, und zwar *sofort*!

Hier hilft nur gezielte Bestrafung bei Fehlverhalten. Jedes «Ja, gleich» wird ab sofort registriert und mit Zins und Zinseszins zurückgezahlt.

«Bring mir doch bitte die Fernsehzeitung», ruft er aus den Tiefen seines Fernsehsessels.

«Ja, gleich», antworten Sie freundlich und vergessen es sofort wieder.

«Gibt es endlich Abendessen?»

«Ja, gleich!», und dann dauert es noch zwei Stunden, weil Ihnen eingefallen ist, dass Sie Ihre Freundin Kerstin heute noch nicht angerufen haben.

«Bist du fertig? Können wir gehen? Der Film beginnt in zehn Minuten!»

«Ja, gleich», rufen Sie aus dem Badezimmer und fangen an, sich die Haare zu waschen.

Den Gipfel seines Trainings erreichen Sie, wenn er in die Küche kommt, Ihnen von hinten an den Busen fasst und dabei zärtliche Worte in eindeutiger Absicht in Ihr Ohr flüstert. – «Ja, gleich», protestieren Sie sanft und schieben ihn aus der Küche. Dann sperren Sie die Tür zu.

Ein Film aus den Fünfzigern heißt: «Sei schön und halt den Mund». Das umschreibt ziemlich umfassend, wie die Traumfrau für jeden Mann sein sollte. Natürlich lassen wir diesen Traum sofort platzen wie eine Seifenblase, denn heutzutage wollen Frauen nicht nur schön sein, sondern sie wollen auch etwas sagen. Und das tun sie in entsprechender Lautstärke.

Neulich waren Sie beispielsweise mit Ihrem Liebsten bei einem Kollegen eingeladen, den Sie bisher nur vom Hörensagen kannten. Ehrensache, dass Sie diesen Kollegen gleich gut hörbar und höchst kompetent in ein Gespräch über vertrauliche Interna aus der Firma der beiden Männer verwickelt haben. Das beweist, wie sehr Sie das Vertrauen Ihres Mannes genießen und wie klug Sie die Konflikte zwischen ihm und seinem Chef einschätzen können. Natürlich haben Sie auch nicht mit guten Ratschlägen zur Lösung des Dilemmas gespart, die den beteiligten Männern bisher noch gar nicht in den Sinn gekommen waren. Ihr Schatz kann stolz auf Sie sein!

Sehr empfehlenswert ist es auch, jeden Witz, den Ihr Liebster erzählen will, sofort mit der Pointe zu unterbrechen. Männer sind einfach zu langatmig. Wenn Ihr Liebster umständlich beginnt: «Zwei Krokodile unterhalten sich …», ergänzen Sie hurtig mit aufgedrehter Lautstärke: «Ach, das ist der, wo das eine Krokodil die Blondine verschluckt hat und nun nicht mehr tauchen kann!» Das bringt Pepp in die

Unterhaltung und zeigt, dass Sie diesen Witz wohl schon hundertmal gehört haben. Auch bei Geschichten, zu denen Ihr Liebster ansetzt, sollten Sie möglichst schnell eingreifen: «Nein, das war doch nicht in Como, das war in Lugano. An dem irrsinnig heißen Tag, als du dir das Hemd mit Eis bekleckert hast!» Schon sind Sie am Ruder und können die Story selbst zu Ende bringen. Ihr Liebster wird es Ihnen bestimmt danken, denn Sie können knapper, witziger und besser erzählen.

Bei der Lieblingsgeschichte Ihres Liebsten haben Sie jedoch kaum eine Chance einzugreifen. Sie geht so: «Ein Mann bringt seine kranke Frau zum Arzt. Der Arzt sagt zu ihr: ‹Hier ist ein Thermometer. Bitte stecken Sie es in den Mund und sagen Sie zehn Minuten nichts.› Der Mann wollte das Thermometer sofort kaufen.»

Früher gab es eine natürliche, von Gott gewollte Aufteilung: Frauen waren schön *oder* klug. Schöne Frauen waren doof und kluge Frauen hässlich. Schöne Frauen widmeten sich den lieben langen Tag ihrer Schönheit, und die Männer lagen ihnen zu Füßen. Kluge Frauen verschwendeten keine Zeit mit Schminke und Frisuren und der Auswahl von Dessous. Die Männer belächelten sie, weil sie Angst vor ihnen hatten.

Wenn Sie heute eine wirkliche Emanze sein wollen, müssen Sie beides sein: schön und klug. Deshalb kommen Sie gelegentlich in Zeitnot. Schön und klug zu sein ist aufwendig! Leider haben Sie morgens aber nur noch eine Viertelstunde für Duschen, Make-up und Frisur zur Verfügung, und danach müssen Sie so perfekt aussehen, als ob Sie den lieben langen Tag nichts anderes gemacht hätten, als sich herzurichten. Auch abends sollten Sie noch so frisch und ausgeruht aussehen, als kämen Sie gerade von einem dreiwöchigen Karibikurlaub zurück.

Für die Auswahl und den Einkauf Ihrer Garderobe steht Ihnen kaum mehr Zeit zur Verfügung als fürs Make-up, aber es wird erwartet, dass Sie sowohl nach der neuesten Mode als auch teuer und elegant gewandet sind. Gleichzeitig müssen Sie sich politisch und literarisch auf dem Laufenden halten, beruflich weiterbilden, zündende Kommentare in Sitzungen abgeben, kompetente und schnelle Entscheidungen treffen, also auch das Innere Ihres Schädels zunehmend verschönern. Kurzum, Sie müssen rundherum perfekt sein.

Hegen Sie nach diesen Ausführungen noch Zweifel, welche Sorte Mann für Sie infrage kommt? Bestimmt nicht! Es lebe der Softie, der von einer perfekten, schönen und klugen Frau träumt, jedenfalls von Zeit zu Zeit. Wenn Sie allerdings wirklich klug sind, liegen Ihnen Männer *aller* Sorten zu Füßen. Wirklich kluge Frauen wissen nämlich, dass sie ihre Klugheit nicht allzu deutlich zeigen dürfen, um die Männer nicht einzuschüchtern. Aber dies ist eine Weibchen-Weisheit und gehört in ein anderes Kapitel.

Ein Fazit für Frauen

Genau genommen begann das Desaster gleich nach dem Sündenfall. Sie erinnern sich: Eigentlich sollten Adam und Eva nach dem Willen Gottes unwissend bleiben. Aber Adam aß den Apfel vom Baum der Erkenntnis, weil Eva ihn dazu verführt hatte. Das hatte die Vertreibung aus dem Paradies zur Folge, in dem Adam und Eva bis dahin ohne Scham ihren Begehrlichkeiten nachgingen und Rangordnungen friedlich aushandelten. Zur Strafe für ihre Neugier und ihren Ungehorsam verdonnerte Gott Adam dazu, ab sofort sein Brot im Schweiße seines Angesichts zu verdienen, und Eva sollte Adam dabei untertan sein und ihm in jeder Hinsicht gehorchen.

Adam fand das mit dem Schweiß des Angesichts gemein und bereute sofort, dass er sich von Eva hatte beschwatzen lassen (sie konnte ihn schon damals mühelos um den kleinen Finger wickeln, wenn sie nur wollte), aber immerhin war er nicht an das untere Ende der Hierarchie verbannt worden, sondern blieb wenigstens der Boss für sein Vieh und seine ihm ergeben dienende Sklavin Eva. Es hat viele tausend Jahre gedauert, bis Eva beschloss, gegen diese von Gott persönlich vorgegebene Rangordnung zu rebellieren.

Und nun haben wir den Salat! In nur wenigen Jahrzehnten ist es Eva gelungen, Adam völlig aus dem Konzept zu bringen. Er weiß nicht mehr, wem er glauben soll: ihr oder dem lieben Gott. Und weil Adam unsicher ist und nicht ganz eindeutig reagiert, wird Eva in ihren Forderungen immer militanter.

Es gibt nur eine zulässige Schlussfolgerung für alle Evas dieser Welt: Übt Nachsicht mit den Adams. Mit Toleranz und einem Quäntchen Humor lassen sie sich halbwegs aushalten – was besonders schwierig ist, wenn sie es von Zeit zu Zeit «wirklich gut meinen». Da kommt er nach Hause und präsentiert Ihnen seine Geburtstagsüberraschung:

«Ich habe uns einen Urlaubstrip nach Hawaii gebucht!», sagt er mit strahlendem Gesicht. «Übermorgen geht's los!»

Eine tolle Idee, aber leider passt sie Ihnen überhaupt nicht in den Kram, weil Sie erstens gerade gar nicht wegkönnen und zweitens sowieso als Nächstes lieber nach Alaska wollten, denn Sie vertragen Hitze ganz schlecht. Ablehnen kommt aber leider nicht infrage, weil das sein Selbstwertgefühl zu empfindlich treffen würde. Also Augen zu und durch!

Überschätzen Sie den alten Adam nicht. Lassen Sie sich nicht durch sein Geplustere einschüchtern, fallen Sie nicht auf seine große Klappe herein, sondern erkennen Sie seine Verwirrung. Und vergessen Sie nicht, was Ihnen Eva, Ihre Urahnin, so gekonnt vorgemacht hat: Wenn Sie die ganze Sache nicht zu bierernst nehmen und es geschickt anstellen, lässt sich Adam immer noch wunderbar um den kleinen Finger wickeln.

Und das ist die Rückkehr ins Paradies.